中国高等职业教育治理模式研究

蒋庆荣◎著

吉林大学出版社
·长春·

图书在版编目（CIP）数据

中国高等职业教育治理模式研究 / 蒋庆荣著. -- 长春 : 吉林大学出版社, 2020.12
ISBN 978-7-5692-7934-4

Ⅰ. ①中… Ⅱ. ①蒋… Ⅲ. ①高等职业教育－研究－中国 Ⅳ. ①G718.5

中国版本图书馆CIP数据核字(2020)第250688号

书　　名　中国高等职业教育治理模式研究
ZHONGGUO GAODENG ZHIYE JIAOYU ZHILI MOSHI YANJIU

作　　者　蒋庆荣 著
策划编辑　高珊珊
责任编辑　付晶淼
责任校对　赵　莹
装帧设计　梁　晶
出版发行　吉林大学出版社
社　　址　长春市人民大街4059号
邮政编码　130021
发行电话　0431-89580028/29/21
网　　址　http://www.jlup.com.cn
电子邮箱　jdcbs@jlu.edu.cn
印　　刷　三河市元兴印务有限公司
开　　本　787mm×1092mm　1/16
印　　张　10.5
字　　数　220千字
版　　次　2021年3月第1版
印　　次　2021年3月第1次
书　　号　ISBN 978-7-5692-7934-4
定　　价　69.00元

前　言

自20世纪80年代初期以来，中国高等职业教育伴随着国家经济体制改革的逐步深入，成为近二十年来发展最快的高等教育类型之一。中国高等职业教育是职业教育的高级阶段，高职院校数量超过了本科院校。从就业导向看，培养适应岗位需求的技术技能人才，相关行业中的企业参与职业教育治理是必要的条件。因此，职业教育需要政府、社会、学校等多方利益主体的参与。这种多主体、多领域互动的协同治理实践活动，在世界各国已有非常普遍的实践应用，尤其是公共机构与私人利益相关者协同治理的案例，成为西方公共管理理论及实践的最新的发展方向。本书拟对现存的传统的中国高等教育治理模式（政府单一管理模式）进行分析，以协同治理的理论视角审视各级政府、社会组织和高职院校该如何准确定位，特别关注地方政府、企业在高等职业教育治理中的职权和地位。试图梳理出政府主体、市场主体和办学主体之间的结构关系，构建高等职业教育协同治理模式，推进现代高等职业教育治理体系的完善和治理能力现代化的进程。

如何更好地借鉴国外协同治理的研究理论和实践成果，丰富我国治理理论，并指导我国高等教育治理创新实践，是亟待解决的问题。要实现这样的目标，需要从三个方面进行研究：①协同治理模式中的主体关系。高等职业教育受市场经济影响较大，治理主体构成复杂，必须由政策给予支持，推动行业、企业协会、学校、民众等多元主体积极参与治理，实现由政府主管部门“一元单向”的传统管理模式转向“多元主体参与”的协同治模式。②协同治理模式的架构。传统模式下单纯以政府为治理主体，强调服从与执行，缺乏其他主体参与；协同治理模式则侧重不同利益主体的共同参与，构建政府、企业、学校三大治理主体间的三维主体交互结构，创建高等职业教育协同治理的架构。③协同治理模式的运行机制。在利益相关者参与的协同治理架构中，根据内外部治理主体间结构的关系，设计促进结构稳定的运行机制，努力实现政策设计与价值目标的耦合，通过协同治理达到高等职业教育的善治。

本书以协同治理理论为理论基础，借助成熟的协同治理实践模型，构建中国高等职业教育治理的逻辑结构和运作模式：①高等职业教育的发展与治理并非孤立于政治、经济、社会、文化等外部影响因素而存在。结合中国高等职业教育这样一个独立的高等教育类型，将高等职业教育治理系统解构为内外部交互的两个动态系统。外部系统作为输出源，其变革必将产生刺激信息，输入高等职业教育内部治理系统，从而对高等职业教育内部治理体系的结构和运行机制产生影响，最终建构多元主体治理模式，并重点分析多元主体之间的权力运行关系，以期形成多元治理的运作机制。构建多元、动态的高等职业教育协同治理模式，有助于将高等职业教育治理议题放置于更为广阔的时代与历史时空中加以考察，更能把握其本质。②以Chris Ansell和Alison Gash的SFIC协同治理模型为主要分析框架，结合案例分析法，剖析德国和我国宁波市高等职业教育治理的协同过程，从“协同动因—协同引擎—协同评估”这一动态分析链，窥视国内外高等职业教育治理的主流模式和经验教训。③关注高等职业教育治理基于多元治理主体协同的初始条件，有效地协同参与激励诉求、权力资源诉求、协同意愿诉求等前置条件，提出了建构多元主体关系结构模式的逻辑框架，设计高职院校协同治理运作模式。基于SFIC理论模型，从催化领导制度设计出发，建构高职院校三维主体交互关系结构和内外部协同治理模式。

具体而言，本书首先对高等职业教育、治理等核心概念做出明确的界定。随后，对研究所需运用的协同治理理论框架进行分析。其次，对中国高职教育治理模式进行时间序列的梳理，对高职教育发展过程中政府政策及政府职能的变迁进行分析，并且从现状出发分析治理困境。再次，对德国高等职业教育治理模式进行分析，同时选取国内高等职业教育治理较为领先的宁波市，根据宁波高等职业教育治理模式，分析校企协同的重要性和中国高等职业教育协同治理模式构建的主体、要素、关系、结构等方面的实践经验。最后，侧重高等职业教育协同治理模式的系统设计。通过中国高等职业教育治理的现实问题，分析政府、企业、学校三元主体及其关系，提出关系结构由“一元单向”向“多元参与”转变，提出构建地方政府、行业企业和高职院校的三维主体互动关系；侧重协同治理模式的运行机制设计。通过对现行模式的运行机制进行深入研究，探析利益相关者参与的协同治理运行机制，构建高等职业教育外部治理模式和内部治理模式，注重协同治理的过程设计，建立有效的运行机制，通过制度设计与机制创新，提出协同治理模式及运行机制之优化路径。

运用协同治理理论探索解决中国高等职业教育治理问题的方向，这样的研究国内目前还不是很多，本书根据协同治理理论框架和实践模型，设计出高等职业教育治理的主体关系结构和运行模式，具有三个方面的创新性：①基于协同治理视角的中国高职教育治理模式研究具有一定的独特性；②高等职业教育治理模式中，构建三维主体关系的权力运行模式的创新具有探索性；③高等职业教育治理模式中，运行机制的设计研究具有指导实践的价值。

目录

第1章 导 论

中国高等职业教育（以下简称高职教育）治理的问题，特别需要理论上的新思考，也需要实践上的新探索。在治理中，如何构建政府、社会、高校等利益相关者之间权力运行及配比的关系；如何通过协同治理模式运行过程及机制设计，使多元化的权力主体既服从党的统一领导，又积极主动地发挥各自的主观能动性，这不仅仅是公共管理研究的课题，更是政治学理论研究的课题。

截至2018年底，中国高职院校已有1418所，超过了本科院校的1245所。[①]高职教育已经成为中国高等教育的一种重要类型。高等职业教育具有高等教育和职业教育两重属性。从现实来看，大学管理还是以政府控制与政府管理为主。[②]大学治理通常包括外部治理和内部治理：外部治理是协调政府、社会及公众等与高等院校之间的主体关系；内部治理是配比学校管理者、教师、学生、校友等利益相关者的权力。[③]因此，进行中国高职教育治理模式研究是推进高职教育治理理论与实践的相辅相成的一个过程。随着国家治理现代化建设的稳步推进，高职教育治理同样处于改革的深水区，其核心问题是多元主体权力的运行和配置，包括治理主体结构与运行机制之间的逻辑关系。本书拟通过对治理理论深入分析，结合国内外高职教育治理模式案例研究，运用协同治理理论分析框架，提出对高职教育治理模式的思考，为后续进一步解决中国高职教育治理理论与实践问题奠定一定的基础。

---

①2018年全国教育事业发展统计公报[J]. 中国地质教育,2019,28(04):96—100.

②朱云杰. 高等院校治理研究——基于非营利法人治理的分析[M]. 北京:中国经济出版社,2011:3.

③世界银行,联合国教科文组织高等教育与社会特别工作组. 发展中国家的高等教育:危机与出路[M]. 蒋凯,等译. 北京:教育科学出版社,2001.

1.1 问题缘起和研究意义

1.1.1 问题缘起

美国学者布鲁贝克在讨论高等教育与国家的关系时提出，高等教育治理问题首先是政治研究问题，如柏拉图的《理想国》、亚里士多德的《政治学》、约翰·杜威的《民主主义与教育》，都把教育研究视为政治研究的一部分。① 中国高等职业教育既有高等教育的特点，又有职业教育的准公共产品属性，是中国社会治理的重要领域，是需要从社会经济生活、公益事业、公民参与等诸多方面体现利益相关者共同参与的协同治理。中国高职教育是在社会经济、文化水平不断提高的大背景之下，满足人们日益增长的高等教育需求的重要途径，是满足人们可持续发展需求的重要方式，也是社会经济发展的人力资源保障。中国高职教育的发展，从发展路径来看就是政策调控的结果。高职院校治理面临的问题源自政府主管部门的行政权力越位、法人治理结构制度安排缺位、治理结构建设特色缺乏等方面。②

1. 深化政治体制改革要求加强高职教育协同治理模式的研究

党的十八届三中全会明确提出，要推进国家治理体系和治理能力现代化。在深化改革过程中，注重改革的协同性。高等教育治理改革的关键，是实现省级政府教育统筹权以及完善学校内部治理结构。③教育事业涉及千家万户最关心、最直接、最现实的利益诉求，在短短几年内要初步实现教育治理现代化，时间紧、任务重。

《国务院关于加快发展现代职业教育的决定》指出：完善分级管理、地方为主、政府统筹、社会参与的管理体制。地方政府是高职教育的管理主体，地方政府治理结构调整与改革是国家治理模式的理论前沿和实践区域。地方大学深切感受着行走于计划与市场之间的尴尬，诸如国家办学标准、行政部门管理规制、大

①约翰·S.布鲁贝克. 高等教育哲学[M]. 王承绪,郑继伟,张和平,等译. 杭州:浙江教育出版社,2001:15.

②董仁忠. 从政策调控高职教育走向依法治理高职教育[J]. 河北师范大学学报(教育科学版),2011,13(05):70—73.

③中共中央编写组. 中共中央关于全面深化改革若干重大问题的决定[M]. 北京:人民出版社,2013:3.

学自身的规律、地方政府的预期、人才市场的需求、市民社会的参与等要求存在的客观冲突；在办学经费方面，地方大学处于金字塔的底部，即行政性教育资源配置的下游；地方大学面临行政逻辑、市场逻辑与学术逻辑的非制度化矛盾；地方政府对地方大学政策的不确定性，增加了地方大学发展的不确定性和特殊性，使地方大学受制于地域文化的特殊要求，且受到独特影响。所有这些因为遗传和环境的不同而出现的尴尬甚至冲突，使地方大学发展过程中的政府力量、社会力量和学术力量之间的博弈过程和呈现方式具有某种特殊性。地方政府要切实承担主要责任，结合本地实际，推进职业教育改革发展，探索解决职业教育发展的难点问题。

地方政府是高职教育的管理主体，地方政府治理结构调整与改革是国家治理模式的理论前沿和实践区域。在种种客观环境和制度沿袭带来的矛盾和冲突背景下，高职教育在发展的过程中，要面临政府、市场、社会和学术等各个维度的冲突和对抗，因而加快发展现代职业教育困难重重。

高职教育是与社会经济结合最紧密的高等教育类型，地方政府对高职教育有着政治、教育、科技等方面的需求；社会对高职教育有着扩大高等教育资源、提升地方影响力等方面的需求；行业企业对高职教育有着人才培养、技术服务、科技创新等方面的需求；高职院校自身也有着政治、经济、科研、教学等方面的需求。针对不同主体的需求，高职教育协同治理研究需要思考这样一些问题：如何突破政府一元单向的传统，激发社会、企业、民众积极参与高职教育的协同治理？如何在地方政府主导下，对企业参与高职院校建设予以权力和利益的配比？如何在地方政府领导下，推进政府职能部门与高职院校之间的协同关系？等等。

2. 深化经济体制改革要求加强高职教育协同治理模式的研究

在经济体制改革的背景下，社会对人力资本的需求越来越高。职业教育则是以为市场提供亟需的人才为己任，与市场结合最为紧密。行业企业参与是职业教育发展的必要前提，职业教育需要政府、行业企业、学校的全方位参与和互动。产教融合、校企合作是国际职业教育成功国家的共同规律。[①]当前，国家建设的方方面面都需要高素质人才。高职教育同时肩负着面向人人和培养高技能人才，为市场提供合格劳动者的重任。当前的国际竞争，说到底是人才的竞争。

①和震. 建立现代职业教育治理体系推动产教融合制度创新[J]. 中国职业技术教育,2014(21):138—142.

中国经济的高速发展把对人才的需求推向新的高度，高职教育具有周期短、适应市场需求、强调技术技能、突出就业导向的特点，是解决经济发展所需人力资源的重要供给途径。

但是，也有许多问题亟待解决：如何协调国家高等教育统一的管理要求和地方经济发展需要对人才培养目标的不一致？如何推进行业企业标准成为高校专业教学标准？高职院校试行混合所有制或者二级学院混合所有制时，国有资产与私有资产在投入与产出中的效益、利益、亏损如何进行认定？等等。

3. 教育治理现代化建设要求加强高职教育协同治理模式的研究

教育治理体系和治理能力的现代化，就是要重新梳理政府、社会、学校三个主体的协同关系，构建多元主体运行机制，形成教育治理的制度体系。由于高等教育长期受“学而优则仕”“重学轻术”“官本位”等传统观念的影响，很多家长都愿意把孩子送到普通高中和普通高校去接受教育，不愿意送到职业院校就读。因此，职业教育是整个教育体系中相对薄弱的环节，发展中面临着很多现实问题。例如：如何提升民众对于高职教育的社会认可度？如何吸引行业企业参与高职院校的教育过程，并且承担相应的权利和义务？如何构建职业教育立交桥，使职业教育从基础、中等到高等教育，从学士、硕士甚至到博士教育，满足不同人员的教育需求？

基于此，本书的重点是，针对高职教育治理现行“一元单向”的管理模式，探索推动地方政府、行业企业、社会公众等多元主体，积极参与高职教育协同治理，并通过重新设计的高职教育治理模式，使中国高职教育治理结构得以调整。为了推进协同治理目标的实现，将从以下三个问题展开研究：一是协同治理模式的主体关系。在改革中必须通过制度设计推动政府主导，行业企业协会、学校、民众等多元主体积极参与治理，使现行的“一元单向”管理，向协同治理模式的主体“多元参与”转变。二是协同治理模式的主体结构。政府、行业企业是高职教育的重要参与主体，要想取得理想的协同治理效果，必须通过制度设计与制度完善，构建地方政府、行业企业和高职院校的三维主体结构，充分认识三维主体的创新互动，推进协同治理模式的构建。三是协同治理模式的运行机制设计。在利益相关者参与的协同治理架构中，根据内外部治理主体结构关系，设计促进结构稳定的运行机制，努力实现政策设计与价值目标的耦合，以协同治理推进高职教育的善治。因此，本书将侧重分析高职教育主要利益相关者的多元主体参与的作用，构建多元主体之间的权力结构和权力运行关系，设计保障权力结构的运行机制。

1.1.2 研究意义

在国外，对协同治理理论的相关研究时间并不长，但是协同治理实践却具有比较高的普及度。这些研究涉及协同治理理论的构建、协同过程的研究、协同治理的模型研究等，且涉及协同治理理论在环境保护、应急管理、卫生医疗保障、公共教育等方面的实践活动案例。

在中国，相对高等教育的其他类型来说，职业教育理论研究相对匮乏。①鉴于此，本书力求基于治理理论基础，在协同治理的理论探索与实践模式的构建中，结合中国高职教育治理需求，贡献一定的研究成果。

1. 理论意义

本项研究的理论价值体现在三个方面。

第一，本研究基于政治学的权力运行及权力配比的思考，分析协同治理模式，以构建高职教育协同治理模式的主体关系、主体结构、运行机制设计为研究重点，构建“多元参与治理、三维主体交互、协同运行机制”的高职教育协同治理模式，有助于公共治理的理论探索。

第二，本研究通过对高职教育利益相关的多元治理主体的分析，梳理出高职教育治理主体——政府、社会、学校等，并以此多元主体建立关系结构。所研究的问题复杂，涉及政治学、教育学、社会学、经济学等学科，并进行了多学科综合分析。

第三，本研究旨在探索一种新的高职教育治理模式，利用协同治理模式构建的主体关系和过程路径，从高职教育治理主体选择到主体关系分析，构建主体结构，最后实现运行机制的保障。这种协同治理设计过程本身就是一种理论模式构建的新探索，对高职教育治理模式研究具有特殊的理论意义。

2. 实践意义

本研究对中国职业教育治理实践及中国公共管理体制创新具有重要的实践意义。协同治理理论与实践本身就是一个二而一的问题，协同治理实践早于协同治理理论，经过实践检验并概括提升的理论又对实践具有指导意义，具体表现在三个方面。

①汤广全,赵清良. 职业教育理论贫困的根源探析[J]. 职教论坛,2010(07):13—17.

第一，当前困扰中国高职教育发展的主要问题集中在政府集中管制与社会、市场等其他主体参与不足的矛盾。针对高职教育治理参与主体的分析，是推进教育治理改革的基础性工作，通过研究分析高职教育治理主体各自的权力和责任，为构建新型多元主体关系奠定基础。基于此，本研究意在为高职教育治理的顶层设计者提供改革理念、改革思路及实践路径，协助分析现实问题的根源。

第二，基于政府、社会、学校的“三元”关系视角，借鉴发达国家职业教育治理理论与实践，解析协同治理模式构成要素，提出符合中国语境的相关利益方，参与高职教育治理主体和协同过程。丰富高职教育协同治理中对多元主体、环境、结果和运行的系统分析，从而科学地指导高职教育治理的实践。

第三，本书置于协同治理视角之下，力求探讨多元主体在高职教育治理中的结构模式和运行模式，有助于高职教育治理实践中各主体对权力运行和权力配比的认识，更好地解决现实问题。这一方面有助于地方政府下放部分高职教育管理权力，有利于企业、高校明确自己在高职教育中的地位，参与高职教育决策、管理过程；另一方面构建企业、高职院校在产教融合、校企合作方面的协调、运行、监督机制。

1.2　文献综述

中国高等职业教育于20世纪80年代初期，伴随着国家经济体制改革得到迅速发展。1996年颁布《职业教育法》，1998年颁布《高等教育法》，明确了高职教育是高等教育的一种类型，从而确立了高等职业学校的法律地位。从全球视野来看，各发达国家的高职教育治理都经历了一个与社会经济发展相契合的发展过程，先后出现过高等教育治理与职业教育治理相区分的制度设计。中国高职教育发展迅猛，急切需要在高职教育治理的理论和实践中研究其制度设计。下面将从高等教育治理和高等职业教育治理两方面的研究成果进行评述。

1.2.1 高等教育治理研究的述评

1. 国内研究综述

治理理论在教育领域的应用时间并不长，因此，教育治理的理论研究还很不够，但是教育治理实践活动却一直在进行。在20世纪70年代，中国高等教育的实际管理者还是政府职能部门，大学的自主权较弱，这种状况影响了中国教育的发展。1979年12月26日，时任复旦大学校长的苏步青写了《应该相信校长能管好大学》一文，呼吁政府调整大学管理体制，重视大学管理的自主问题，此文由《人民日报》发表后，引起极大反响。①到1984年，改革开放后新一轮的高等教育体制改革自此开始。高等教育治理一般称为“大学治理”，张维迎教授在我国最早提出“大学治理”的含义。在《大学的逻辑》一书中，他提出，大学是一个不以营利为目的的组织，但它也具备一定的利益诉求：和大学有着紧密联系的老师、学生、行政人员、社会、校友等都是利益相关方。对于利益相关方的权力分析，以及职责义务，并没有明确的界限。② 从治理理论的研究分析来看，大学治理可以归结为：“谁应该治理大学？如何治理？”这是两个经典问题，也可以说是基本问题。结合中国的实际情况，概括起来就是大学的外部治理和内部治理两个部分。

（1）大学的外部治理

大学的外部治理研究主要涉及政府部门的公共治理，尤其是公共机构和非公机构的协同治理理论等，它们通过治理主体之间的权力运行和权力配比，来解读和分析大学权力关系，具体研究包括两个方面。

一方面是引入治理理论分析中国高等教育各阶段的特点。首先，从治理理论的引入来看。治理理论从西方的政府治理开始，逐步为国际组织所采用，尤其在多元主体治理过程中发挥了重要作用，也产生了丰富的治理实践成果和案例。政治学领域的学者俞可平、毛寿龙等将治理理论以及治理实践案例引入，如俞可平的《治理与善治》③《全球化：全球治理》④，毛寿龙等编著的《西方政府的治道变革》⑤，提出了很多富有创意的理论，并且还引入了西方经典理论，这些理论的代表人物有詹姆斯·Z. 罗西瑙、罗伯特·罗茨、埃莉诺·奥斯特罗姆等。引进国外的治理理论及实践，分析国外大学治理运用及经验，对于推进我国的

①苏步青. 应该相信校长能管好大学[N]. 人民日报,1979-12-26.
②张维迎. 大学的逻辑[M]. 北京:北京大学出版社,2004:17.
③俞可平. 治理与善治[M]. 北京:社会科学文献出版社,2000:9.
④俞可平. 全球化:全球治理[M]. 北京:社会科学文献出版社,2003:6.
⑤毛寿龙. 西方政府的治道变革[M]. 北京:中国人民大学出版社,1998:10.

治理理论研究起到了非常重要的作用。大学治理改革的关键点在于对其外部制度安排进行变革。部分学者的治理理论研究有其独特性，如郭卉在国外的大学治理研究的基础上，分析了权力运行和权力配比问题，提出治理理论研究的不同视角，而且应重点分析人与文化等因素对治理的影响。大学治理研究对象，实质上就是内部利益相关者与外部的多元主体，不同形式的权力关系。[①]陶凤翔通过考察发现，在不同的治理模式中，对于大学自治权的运用，不同的大学存在显著差异，体现出治理本质的差异[②]。李敏博士基于中国一百多年来的教育国际交流政策，进行了不同历史时期的大学治理研究，以西方治理的利益集团为基础进行分析，探讨其中的价值取向与目标策略[③]。其次，从中国高等教育发展现状来看。一旦国外理论运用到中国大学治理的实际问题中，就显得难以借鉴和使用。中国大学外部治理研究的核心问题是政府如何协调处理社会、学校之间的权力问题。龙献忠博士侧重研究了除政府和学校以外的第三方，试图构建第三方参与的政府和学校关系，期望构建政府与大学之间的合作模式。[④]学者盛冰指出，高等教育的治理既是不同主体的权力分配问题，也是权力结构问题。[⑤]

另一方面研究侧重于政府与大学的关系，即理论重构政府、社会与大学的关系。目前，政府与大学关系的研究内容非常丰富。刘爱生认为，通常国外大学治理模式，一般就是指大学的外部治理结构。美国大学董事会制度体现为大学的内部治理结构。[⑥]王绽蕊分析美国高校的大学内部治理结构的主要原则，是各权力主体共同为高校整体利益服务。[⑦]

从大学治理的国际案例研究来看，学者阎光才[⑧]、唐卫民[⑨]、史万兵、娄成武[⑩]、夏人青[⑪]、蒋洪池[⑫]等，以及浙江大学课题《市场经济国家政府与大学关系

①郭卉. 反思与建构:我国大学治理研究评析[J]. 现代大学教育,2006(03):29—33.

②陶凤翔. 国外大学治理形态的变迁与其借鉴意义——以迪特玛·布劳恩的三角模型为视角[J]. 大学教育科学,2011(04):47—51.

③刘爱生. 美国大学治理结构的主要特征及其文化基础[J]. 外国教育研究,2014,41(08):62—70.

④王绽蕊. 系统性:美国高校董事会制度的基本特征[J]. 比较教育研究,2010,32(08):25—29.

⑤李敏. 教育国际交流:挑战与应答[D]. 华东师范大学,2008.

⑥龙献忠. 从统治到治理[D]. 华中科技大学,2005.

⑦盛冰. 高等教育的治理:重构政府、高校、社会之间的关系[J]. 高等教育研究,2003(02):47—51.

⑧阎光才. 从市场的角度析发达国家高校与政府间的关系[J]. 机械工业高教研究,1998(04):3—5.

⑨唐卫民. 试析大学自治与政府控制[J]. 沈阳师范学院学报(社会科学版),1999(01):3—5.

⑩史万兵,娄成武. 政府对大学间接干预的国际比较研究[J]. 中国行政管理,2003(11):61—63.

⑪夏人青. 欧美国家高校与政府关系的比较研究[J]. 北华大学学报(社会科学版),2003(04):57—61.

⑫蒋洪池. 欧美大学与政府权能关系的演变及其对中国的启示[J]. 清华大学教育研究,2004(04):26—33.

的比较研究》[①]，对于外国政府与大学的关系开展了一系列研究。李守福[②]通过研究日本大学治理，李成明[③]、沈佳乐[④]、石正义[⑤]等通过研究英法大学治理，提出中国大学治理的理论借鉴。

从管理体制转变研究来看。汪永铨从政府的管理[⑥]、刘在洲从理顺政府与高校之间的关系[⑦]、陈兴明从高校管理体制改革[⑧]等不同方向进行了研究，龙献忠等提出高等教育治理体现为政府公共管理权力授予和权力配比等[⑨]。许杰提出改革大学管理体制，政府作为大学管理的权力来源，以及公共利益的监督者，其主要职责是协调社会多元主体参与大学治理，同时，协调对大学的监督职能。[⑩]龚怡祖提出调整政府管理体制，并且协调政府与大学的治理主体关系，转变政府职能，对大学治理给予极大促进。[⑪]

从法律关系研究来看。劳凯声从政府与高校的法律关系[⑫]、胡建华从大学的法律地位[⑬]、祁占勇从高校与政府的行政法律关系[⑭]、申素平从高校法律地位[⑮]等角度开展研究。宫照川指出现代治理需要重新调整政府、社会和高校的关系，并且需要引入市场的资源供给，促进高等教育协调发展。[⑯]

从经济关系来看。朱锡平、刘笑方[⑰]、王卓君、李朝阳从大学与政府经济关

①浙江大学高教研究所课题组,方展画,陈列,顾建民,郭耀邦,王爱国. 市场经济国家政府与大学关系的比较研究[J]. 河北师范大学学报(教育科学版),2000(04):1—11.

②李守福. 日本国立大学将不再姓“国”——日本国立大学独立行政法人化述评[J]. 比较教育研究,2000(05):11—14.

③李成明. 大学与政府的关系:英国模式之研究[J]. 南京社会科学,2003(04):75—82.

④沈佳乐. 中央集权与大学自治——论法国大学与政府的关系[J]. 高教探索,2004(03):36—38.

⑤石正义. 在自治与控制之间寻求平衡——英法两国大学与政府关系的比较与启示[J]. 湖北大学学报(哲学社会科学版),2006(03):378—380.

⑥汪永铨. 关于政府对高等教育的管理[N]. 中国教育报,1988-9-3.

⑦刘在洲. 理顺政府与高校之间的关系是高等教育管理体制改革的重中之重[J]. 黑龙江高教研究,1999(03):3—5.

⑧陈兴明. 新一轮高校管理体制改革的实质、特点与方向[J]. 江苏高教,2002(02):38—40.

⑨龙献忠,朱咏北. 政府公共权力重构与高等教育治理[J]. 高等教育研究,2005(11):38—42.

⑩许杰. 论政府对大学进行宏观调控的新向度——以治理理论为视角[J]. 清华大学教育研究,2003(06):47—54.

⑪龚怡祖. 大学治理结构:现代大学制度的基石[J]. 教育研究,2009,30(06):22—26.

⑫劳凯声. 高教体制改革中如何理顺政府与高校的法律关系[J]. 中国高等教育,2001(20):16—19.

⑬胡建华. 大学的法律地位分析——研究大学与政府关系的一种视角[J]. 南京师大学报(社会科学版),2002(05):61—67.

⑭祁占勇. 解构与重构:我国公立高校与政府的行政法律关系[J]. 高等教育研究,2005(10):33—37.

⑮申素平. 中国公立高等学校法律地位研究[D]. 北京师范大学博士学位论文,2001.

⑯宫照川. 基于治理理论重构政府和高校的关系[J]. 四川职业技术学院学报,2005(04):10—12.

⑰朱锡平,刘笑方. 论大学与政府之间的经济关系[J]. 高教发展与评估,2006(02):21—27.

系方面进行了研究。杨纳名认为，治理理论的起源就是要解决政府失灵和市场失灵问题，也就是多元权力主体代替单一权力主体，需要政府的强力推动和高校的不断尝试[①]。

从教育现代化研究来看。吴仁华等提出，实现教育治理现代化的核心是管办评分离[②]。魏小琳[③]是从现代大学制度建设的视角来进行的研究。褚宏启等提出政府是大学治理的权力来源，起着“元治理”作用[④]。朱家德从政府与大学的关系分析，大学外部治理的关键是需要政府给予更多的权力，这对大学治理产生实效。[⑤]

从第三方组织研究来看。唐安国、阎光才从高校与政府间的中介机构[⑥]，王建华从中介性组织[⑦]，胡建华从国家控制向国家监督的模式转变[⑧]、楚红丽从委托代理关系问题[⑨]等提出了各自的看法。罗大贵、杨红提出政府与大学的权力构建，对于大学的外部治理主要通过政府赋权，以及引入第三方的方式；大学的内部治理，主要是协调利益相关者之间的权力配比。[⑩]

从历史演进研究来看。有董云川博士[⑪]、周川[⑫]、赵婷婷[⑬]从大学、政府、社会关系的发展进行研究，赵敏、刘献君从大学校长与政府关系[⑭]、韩映雄从政府与大学关系的历史[⑮]；蒋洪池、林国治从政府权能关系[⑯]；刘少雪从近现代大学

①杨纳名．大学治理的必要与可能:治理理论的大学实践[J]．河南师范大学学报(哲学社会科学版),2009,36(06):239—241.

②吴仁华．建立促进应用技术类高校发展的管办评分离机制的思考[J]．教育评论,2014(08):3—7.

③魏小琳．对我国现代大学制度建设的思考——大学与政府、社会关系的视界[J]．绍兴文理学院学报(哲学社会科学),2006(06):103—107+113.

④褚宏启,贾继娥．教育治理中的多元主体及其作用互补[J]．教育发展研究,2014,34(19):1—7.

⑤朱家德．我国大学治理有效性的历史考察[J]．中国高教研究,2014(07):25—31.

⑥唐安国,阎光才．关于高校与政府间中介机构的理论思考[J]．上海高教研究,1998(06):3—5.

⑦王建华．我国大学与政府间中介性组织的现状原因与对策[J]．青岛科技大学学报(社会科学版),2002(03):1—6.

⑧胡建华．由“国家控制的模式”向“国家监督的模式”转变——大学与政府关系发展的基本走向[J]．复旦教育论坛,2003(06):3—5+17.

⑨楚红丽．公立高校与政府、个人委托代理关系及其问题分析[J]．高等教育研究,2004(01):43—46.

⑩罗大贵,杨红．新公共管理理论视角下大学与政府之间的关系调整[J]．学校党建与思想教育,2009(32):21—23.

⑪董云川．论中国大学与政府和社会的关系[D]．华中科技大学博士学位论文,2002.

⑫周川．高校与政府关系的几点思考[J]．高等教育研究,1995(01):73—77.

⑬赵婷婷．自治、控制与合作——政府与大学关系的演进历程[J]．现代大学教育,2001(04):54—61.

⑭赵敏,刘献君．我国大学校长与政府关系的历史考察[J]．中山大学学报论丛,2003(02):243—244.

⑮韩映雄．政府与大学关系的历史考察及启示[J]．现代大学教育,2004(03):32—35.

⑯蒋洪池,林国治．历史与启示:中国近现代大学与政府权能关系之嬗变[J]．煤炭高等教育,2005(01):25—29.

特点[①]；李文兵从关系的历史文化因素[②]等角度进行的研究。

（2）高等教育内部治理

大学内部治理研究主要借鉴利益相关者理论，并且强调利益相关者之间的权力关系，研究的基本问题有两个方面：大学治理结构和制度设计。

一方面，侧重对大学治理的基本概念的分析。多数研究者对于大学治理的研究都是从引入西方利益相关理论出发，通过分析大学内部不同利益的相关者，构建彼此协调的权力结构关系。如刘凡丰从耶鲁大学治理[③]，甘永涛从大学治理国家模式[④]，吴杰、张自伟从大学治理国际比较[⑤]，代林利从牛津大学治理[⑥]等方面展开研究。研究者比较侧重大学的产权结构分析，认为大学产权是大学内部治理结构的构成依据，是利益相关者关系的基础，如龚怡祖的大学治理基石[⑦]、张建初的大学治理结构[⑧]、李建奇的大学治理路径[⑨]等。

高校内部治理含义及理念的梳理与界定。将高校内部治理作为研究的切入点进行介绍和分析。比较治理和管理的时间、规模、制度的边界，确定两者的边界，其重要性体现在它是管理走向治理的前提。[⑩]也有的学者认为，我国大学已经迈过了前治理时期，大学治理中的权力主体包括政府、社会和大学，激励社会参与大学治理，政府进行权力授予，是社会资源配置的促进手段。[⑪]还有学者通过对我国大学的发展历程深入展开大学治理研究，提出大学治理结构的不完善、不合理，主要是缺乏对大学治理的理论引导。[⑫]

另一方面，对大学治理结构进行制度设计。侧重高校内部治理权力运行和权力配比的研究。目前，高校的政治、行政领导权力还处于强势地位，学术权力、

①刘少雪．我国近现代大学与政府关系的特点[J]．高等教育研究,2006(03):84—91.

②李文兵．我国大学与政府关系的历史文化因素分析[J]．江苏高教,2008(05):26—28.

③刘凡丰．耶鲁大学治理结构的剖析[J]．高教探索,2005(01):27—29.

④甘永涛．大学治理结构的三种国际模式[J]．高等工程教育研究,2007(02):72—76.

⑤吴杰,张自伟．大学治理结构的国际比较与借鉴[J]．山西财经大学学报(高等教育版),2007(02):19—22.

⑥代林利．牛津大学治理结构的形成与演变[J]．现代大学教育,2007(04):35—40.

⑦龚怡祖．大学治理结构:现代大学制度的基石[J]．教育研究,2009,30(06):22—26.

⑧张建初．现代大学制度下的大学治理结构[J]．教育评论,2009(05):20—22.

⑨李建奇．我国大学治理结构变迁的路径选择[J]．高等教育研究,2009,30(05):39—44.

⑩李福华．大学治理与大学管理:概念辨析与边界确定[J]．北京师范大学学报(社会科学版),2008 (04):19—25.

⑪龚怡祖．漫说大学治理结构[J]．复旦教育论坛,2009,7(03):47—53.

⑫李建奇．我国大学治理结构变迁的路径选择[J]．高等教育研究,2009,30(05):39—44.

民主管理、民主监督依然处于相对弱势的地位。[①]有的学者认为，建立大学章程可以推动大学治理进程，充分体现教师的民主参与权，以及学生的监督权等制约因素。[②]也有学者认为，完善大学内部治理结构，必须进一步强化党委的领导，在党委领导下，推进校长负责、教授治学的大学内部主体结构关系，形成平等协商机制，推进权力公开透明的监督机制。[③]学者周光礼认为，建立大学法人治理结构是完善中国现代大学制度的关键。为此必须解决进一步扩大和落实办学自主权、党委在大学治理中的角色和定位、大学法人治理结构变革的路径选择、大学去行政化以及大学章程制定等问题。[④]

2. 国外研究综述

一般认为，西欧现代大学发源于中世纪的博洛尼亚大学和巴黎大学。这两所大学都是以学者共同体的形态存在，伴随大学制定章程、获得独立司法权、任命官员、使用公章等的合法组织基本条件形成，大学管理权力集中于经民主选举产生的学术领导人手中，监督权力根据政局形势，摇摆于国王和教皇之间。而且，对后续大学管理模式产生深远影响。在大学管理模式方面，逐步形成了以西班牙和拉丁美洲大学等为代表的学生主导型大学和以英国与北美为代表的教师主导型大学。

大学治理，起源于西方治理理论在大学管理结构上的调整。“大学治理”在欧美高等教育学界是一个使用非常频繁的术语。欧洲学者认为“大学治理”一词来自美国。

大学治理是关于治理主体的权责划分及权力运行过程中相互关系的制度安排。美国大学制度发生的结构变迁正好契合着美国政府行政改革（作为新公共管理的治理）展现的一些特征：公共部门借鉴市场激励机制与私营部门管理方法来提供公共服务。美国第一本研究大学治理的专著是科尔森1960年出版的《大学和学院的治理》，着重关注了美国大学与学院政策制定、执行的方式，在对比大学与商业和事业单位决策制定的前提下，提取四个共性特征：需要存在目标、拥有资源、有利于目标实现的过程和经历改变(或成长或倒退)。比较系统地提出了西

①秦惠民．我国大学内部治理中的权力制衡与协调——对我国大学权力现象的解析[J]．中国高教研究,2009(08):26—29.
②方芳．大学治理结构变迁中的权力配置、运行与监督[J]．高校教育管理,2011,5(06):16—20.
③董泽芳,岳奎．完善大学治理结构的思考与建议[J]．高等教育研究,2012,33(01):44—50.
④周光礼．公立研究型大学法人治理结构改革探索——基于华中科技大学的案例研究[J]．中国机构改革与管理,2013(Z1):43—48.

方大学治理概念，获得研究者的共识。1973年，卡耐基高等教育委员会针对大学治理也提出自己的定义，即大学治理的核心不是传统的管理，而是通过结构设计形成决策机制。伯恩鲍姆提出，大学治理的权力来源是产权结构，产权结构决定法定权力，教授因为专业能力被赋予学术权力。最近，ASHE系列丛书指出大学治理的定义，是大学治理中利益相关者的权力关系，以及权力运行机制。美国广泛存在的非营利性机构是美国大学治理重要的研究主体，如美国大学协会、美国大学教授协会、卡耐基教育促进基金会等；联邦政府通过教育部的认证或研究资助等形式，州政府通过州大学协调委员会和州拨款等形式参与大学治理及研究活动。

罗伯特·波达尔指出，大学治理需要政府给予大学适当的自治空间。这里的“治理”概念包括领导、管理与策略三方面的含义。从治理视角对大学进行研究，主要研究大学内部所有利益相关者的有效权力结构和如何构建大学治理文化等。布莱克曼和肯尼迪从知识管理的角度研究大学治理，通过对大学治理的结构进行研究，探讨利用知识管理理论进行绩效评价；从利益相关者视角研究大学治理，包括教师、学生、家长、校友对于大学治理的影响。1991年，马里兰大学罗伯特·伯恩鲍姆在*How Colleges Work*：*The Cybernetics of Academic Organization and Leadership*一书中，试图从组织学、系统论和象征主义三种观点出发来考察学院和大学的运行方式，并对提出的四种大学运行模式(学会、官僚、政党及无政府组织模式)进行了分析与解读。2005年，罗纳德·G.埃伦伯格的*Governing Academia*一书在多年从事美国大学管理工作的基础上，对美国大学的内部与外部治理进行了剖析，尤其对内部治理组织与实践中的治理进行了学理性与经验性的解读等。

在澳大利亚、美国、英国等国家，高等教育治理问题是关于高等教育的热门探讨话题。1998年，由欧美高等教育领袖自主倡议的格里昂讨论会召开，参会者包含实业家与记者，并形成了定期集会的机制，探讨时代巨变给大学带来的挑战，就应对行为提供可行性建议。首次会议形成的大会共识*The Glion Declaration*，强调社会环境的飞速变化带来的挑战，使大学制度研究成为研究型大学发展至关重要的影响因素。2004年，格里昂第四次峰会共同确立了“重塑研究型大学”的主题，并通过严格筛选发布会议文集*Reinventing the Research University*，一致认同改变将成为未来研究型大学的表征，大学改变由外部有力的社会、经济、科技力量和内部重要的不断变化的学术与学习活动属性共同驱动。

美国学者克拉克进行大学治理研究时提出，大学治理主体之间为三角模型，如政府主导型的代表是法国，即政府在大学发展中起重要作用；市场主导型的代表是美国和英国，即大学面向市场需求，以大学自治办学为主；大学主导型的代表是德国，即强调学术治理在大学中起决策作用。从总的发展趋势看，大学内外部的利益相关者参与大学治理过程，尤其是参与主要决策过程，形成了共同治理模式。[①]公共产品多元治理的模式创新，需要有效运行的制度体系支持，因此，必须通过政府等权威力量改变制度变迁的路径依赖性质。[②]对内部权力结构进行分析，可以分为大学和院系这两个层面。Christensen从组织变迁的角度研究大学治理，研究大学治理发展的不同主体结构对大学自身权力产生什么影响。Kennedy在《高教治理：21世纪的关键政策问题》一文中提出大学治理是一个系统治理体系，进行大学治理的过程既要考虑内部治理结构，又要考虑外部治理结构，才能真正解决大学治理问题。目前共享治理模式也是治理理论发展的结果，大学治理需要激发更多利益相关者参与其中，保持权力平衡。

3. 简要述评

由上可知，大学外部治理研究的基本逻辑是从治理理论出发，以治理理论所倡导的多元民主参与为价值指南，从而构建一个政府、社会与大学多方参与，平等沟通和协商的关系图式，该研究具有鲜明的价值指导意义。受国外理论研究的影响，学者们主要使用公共治理、高等教育治理、多中心治理等术语，借鉴新公共管理学的相关理论，来构建大学内外部的权力关系。治理理论是站在政府改革的基点上，因此，研究者认为政府要对自身的角色重新定位，其主要扮演协调者和质量监控者的角色。治理理论注重社会力量的作用，因此，研究者提出政府要放权，实现权力的多中心化，引入市场机制，提倡办学主体多元化，鼓励教育中介组织的发展等。由于第三部门组织在治理理论中占据了重要地位，所以还有研究者专门研究了第三部门组织在高等教育治理中的作用。

在我国，现实中政府和大学是管理与被管理、控制与被控制的关系，我国大学一直处于被动地位。因此，要想从根本上改变政府和大学的关系，关键是在政府。换句话说，只有政府的管理职能改变了，我国政府和大学的关系才能发生根

①李立国. 大学治理的转型与现代化[J]. 大学教育科学,2016(01):24—40+124.

②王春福. 公共产品多元治理模式的制度创新[J]. 管理世界,2007(03):160—161.

本性变革。但是，目前能从治理理论的视角研究大学治理的学者还很少，而且大多是高等教育领域的学者站在教育的立场对新公共管理知识的嫁接和转移，鲜有公共管理或行政管理的学者把对治理理论的研究延伸到高等教育领域。目前，相关的研究大多是传统的对大学与政府关系的研究，基本上都是站在大学的立场来研究政府需要如何转变职能，很少有站在政府的立场来审视高校的思维；还有一种是对大学治理结构的一个笼统研究，或是侧重内部治理结构，研究行政权力和学术权力的关系，又或是给内外部治理结构一个简单的说辞。很少有专门对大学外部治理结构中的政府和大学关系进行研究，基于行政管理的角度以政府为主要分析对象更是屈指可数。

众所周知，我国政府与大学关系的问题关键在政府，政府改革管理职能才是理顺二者关系的根本。直接借鉴和运用国外大学治理理论，或是借鉴国外大学治理结构，都是不切合实际的。中国高等教育治理研究要聚焦在中国国家治理现代化的大背景之下，聚焦于新时代党的全面领导，聚焦于我国大学管理发展历程，才能获得理论与实践结合运用的价值。这为本研究提供了新的空间。因此，从治理理论出发，研究政府与大学的关系，并以政府为重点分析对象，既有研究基础，又有研究空间和研究价值，为笔者开展研究提供了强大的信心和动力，这无疑增添了本书的研究价值。

1.2.2 高等职业教育治理研究的述评

1. 国内研究综述

“高等职业教育”概念是一个由高等教育、职业教育复合而成的概念体系，选择不同的属种关系就表征不同的内涵定义。“高等职业教育”实质上是“高等职业技术教育”。联合国教科文组织在1974年1月19日第18届大会通过的《关于技术和职业教育的建议》文件中指出，技术和职业教育是保持现代文明的复杂结构及经济和社会发展的先决条件，建议把职业和技术当作一个综合性的名词使用，从此便有了“职业技术教育”这个词语。科技的飞速发展和社会职业岗位的变动，使职业技术教育由中等教育层次延伸到高等教育领域，进而催生了“高等职业技术教育”。“高等职业教育”与“高等职业技术教育”二者概念的关系，实质上是我国本土话语和西方强势话语的争夺和冲突关系，二者在本质上并无区别。但是我国在“高等职业技术教育”概念中保留“技术”二字，是对“技术”

在职业教育中的“不可取代性”“核心”而非“附属”地位的一种认同与强调，这个概念更能体现高等职业教育的本质属性。①

广义的职业教育泛指一切增进人们的职业知识和技能，培养人们的职业态度，使人们能顺利从事某种职业的教育活动。②从其外延上来看，现代职业教育既包括学校职业教育，也包括学校外的职业培训；既包括职前教育，也包括职后的继续教育；既包括正规教育，也包括各种形式的非正规教育、非正式教育。也就是说，现代职业教育具有典型的公共品和非公共品属性混合的“准公共品”属性，它既体现国家意志，又体现技术技能或劳动力再生产的资本属性。换言之，它是处于“公”与“私”之间的一个领域。政府作为国家公共权力的载体，承担现代职业教育的公共责任，即为社会劳动力再生产和人力资源配置提供公共财政支持，但职业教育的非公共责任无法由政府全权负责，获取技术技能人才的组织，以及获取职业知识和技能的个人需要为此提供补偿。

由于现代职业教育治理是公共资源配置与非公共资源配置、公共事务管理与非公共事务管理相结合的过程，仅靠政府，既不可能实现现代职业教育的公共资源配置效益最大化，也不可能左右现代职业教育的非公共资源配置。对于非公共现代职业教育资源配置及其管理，市场往往起决定作用。职业教育包括对职业技能的培养和职业态度的塑造，使学生进入职业领域时能够快速适应，其形式主要包括学校教育和职业培训。③从职业教育的性质来分析，职业教育是国家提升人力资源的重要途径；从市场因素分析，职业教育为行业企业提供了合格的劳动力。这样一种教育类型，体现出“准公共产品”的特点，既具有部分公共性，也具有部分非公共性。因此，公共资源依靠政府配置，而非公共资源配置往往依靠市场。对于职业教育治理问题，尤其适合治理理论中的多主体参与，并且构建合适的主体关系，实现各方的合作，达到公共利益的最大化。④

职业教育是与人的终身发展、职业生涯发展密切相关的一种教育，也是与人力资源市场关系最为密切的教育。行业企业是职业教育的出口，是职业教育提供人力资源培养的目标。行业企业在职业教育中的职能和作用，需要进行仔细思考和重新设计。借鉴国外职业教育经验，分析职业教育成果案例，总结提炼关键要

①梁志,赵祥刚．高等职业教育的概念解析及其内涵的厘定[J]．山东师范大学学报(人文社会科学版),2008(01):88—91.

②刘春生,徐长发．职业教育学[M]．北京:教育科学出版社,2002.

③刘春生,徐长发．职业教育学[M]．北京:教育科学出版社,2002.

④埃莉诺·奥斯特罗姆．公共事物的治理之道:集体行动制度的演进[M]．余逊达,陈旭东,译．上海:上海译文出版社,2012.

素，转化为我国职业教育学习的路径。①

从国外治理经验研究来看。美国、英国、荷兰等国的治理模式是基于政府、社会、学校之间的关系而形成的。一般学者的研究，针对市场整体进行，缺乏对企业参与的角色研究。伯顿·克拉克的经典“国家权力—学术权威—市场”三角协调模式具有极大的影响力，荷兰学者范富格特的国家控制和促进模式、布劳恩的共享模式等，不断为我国研究者借鉴并引入分析。②根据各国经济文化发展的具体情况不同，各国大学的制度安排有较大的区别，根据权力的密集程度，可以分为：高度分散型高等教育体制、相对集中型高等教育体制、高度集中型高等教育体制。与上述三种大学制度安排相适应，现代大学的治理结构模式也有三种主要类型：以内部人监督为主的关系型治理结构模式、以国家监督为主的行政型治理模式、以中介机构(通常代表政府意旨)监督为主的复合型治理结构模式。③

从治理结构研究来看。学者们对高职院校内部治理结构的研究，往往还停留在简单引入和直接借鉴。如邓光荣从高职院校内部治理结构研究中提出，利益相关者参与决策过程。董仁忠基于公司治理理论研究高职院校内部治理结构的制度安排，强调所有权和经营权分离。刘维俭认为高职院校具有双重特性，即高职院校具有很强的职业性，同时也具有高等教育的特性，应该构建与普通高校不一样的内部治理结构。

2. 国外研究综述

（1）从国际组织研究来看

联合国教科文组织、经济合作与发展组织，包括欧盟，都是职业教育治理研究的重要机构。2012年5月，联合国教科文组织发布文件《职业教育的转型：培养工作与生活技能》，总结出职业教育对于社会经济发展的作用，分析职业教育治理结构的参考案例。职业教育善治首先是政府下放权力，再次是使利益相关方结成积极的伙伴关系，最后建立保障程序以及构建政策体系等。④根据国际社会的研究，有效的职业教育治理需要解决几个方面的问题：政府机构行使对职业教育的权力，以达到职业教育目标；促进职业教育的协调发展，关键是治理主体间

①许海东．国际合作:职业教育推动之轴[J]．教育与职业,2008(28):30—32.

②周凤华．德澳美三国行业组织与职业教育[J]．中国职业技术教育,2009(25):63—66.

③甘永涛．大学治理结构的三种国际模式[J]．高等工程教育研究,2007(02):72—76.

④第三届国际职业技术教育大会主要工作文件．职业技术教育与培训的转型:培养工作与生活技能[R]．联合国教育、科学及文化组织,2012.

的协调；是否形成了不同国家和地区的职业教育发展质量监测体系；等等。[①]正如《世界高等教育大会宣言》提出，高等教育的利益相关者，包括政府、社会、行业、企业、学校内部等，协调合作形成共识，是高等教育发展的趋势。联合国教科文组织于2015年底发布的《反思教育：向“全球共同利益”的理念转变？》（*Rethinking Education: Towards a global common good*？）[②]报告书提出，仅凭教育不能解决所有问题，但着眼于全局的人文意义教育方法可以，并且有助于实现新的发展模式。在这种模式下，经济增长必须遵从环境管理的指导，必须服从人们对于和平、包容与社会的关注。[③]

（2）从发达国家的高职教育实践来看

目前，以德国、瑞士、丹麦等为代表的欧洲国家多采取协作性模式，即行业企业深度参与。这种方式的核心就是校企合作，在上述国家已经形成成熟的案例，其特点就是，政府、行业企业、学校共同协调，构建协同治理模式，提高教育质量。该模式的特点有两个方面：其一，政府负责顶层建设，主要在于制度体系建设及完善明确的法律体系，对职业教育各利益主体的权责有明确界定，围绕未来技能培养的需求，形成一套有效沟通、交流、传递的机制。其二，行业企业深度参与，即校企融合。为人力资源市场提供最直接的人力资源支持，是职业教育的最大特点，政府、企业、学校分析这个特点，基于这个特点构建主体关系架构。总而言之，准确定位政府、行业、企业、学校各自在职业教育中的权责、职能，把握各自的权限，特别是行业企业的参与方式，才能充分体现职业教育的市场导向和权力架构特点。

（3）从发达国家高职教育管理制度来看

在美国，为了适应市场需求，美国国会早在1862年就通过了《莫雷尔法案》，这部法律明确规定，由地方政府给农工学院等职业学校拨付无偿使用土地，并基于政府经费发展学校教育。到1999年，美国各州赠地学院的总数达到了105所。在政府给予土地支持和经费保障的基础上，进一步建立制度体系，保障职业教育持续发展与推进，1990年《卡尔·D.珀金斯法案》修订案的目的，强调了职业教育的重要性，将职业教育从传统学术教育中分离出来，并找到合适的方式和载体，使两个教育类型之间可以架起沟通的桥梁。到2009年，两年制的社区学院已经多达3400所。

①李玉静,谷峪．国际职业教育治理的理念与实践策略[J]．职业技术教育,2014,35(31):78—83.
②联合国教科文组织．反思教育：向“全球共同利益”的理念转变?[R]．联合国教科文组织．2015.
③顾明远．对教育本质的新认识[N]．光明日报,2016-01-05(014).

在德国，具有重视职业教育发展的传统，联邦政府1976年通过了《德国高等教育总法》，明确高等职业教育具有合理的法律地位。由于政策支持，高职教育得到巨大发展，到2009年，德国高职学校数量超过高等教育机构半数以上，占在校大学生总数的30%，而且具有很好的发展潜力。到目前为止，德国高职院校数量，以及高职学生质量，都可以和传统大学相提并论。其中，全国2/3的工程师和2/3的企业管理者毕业于高职院校，这些高职学校的毕业生对于德国经济和社会生活发展影响重大。

在英国，1992年3月6日英国议会通过《1992年继续教育和高等教育法》，使职业教育从传统教育系统中独立出来，继续由政府出资建设，治理机构变为董事会。

（4）从国际高职教育培训治理模式的研究来看

目前，世界高职教育治理模式根据需求主体不同，可以概括为基于企业需求导向、基于市场需求导向和基于政府需求导向三种高职教育治理模式，其治理结构的分析如下。

第一种，基于企业需求导向的高职教育治理结构。学徒制是基于企业岗位需求的职业教育模式，因此，学徒制是职业教育的最早形态。以学徒制的制度形态变化为依据，将学徒制的历史分为前学徒制、中世纪的行会学徒制、16—18世纪的国家立法学徒制、工业革命后的集体商议学徒制、二战后的现代学徒制五个阶段。[①]部分传统行业依旧采用学徒制模式，尤其是在部分以手工业为主的第三世界国家。

第二种，基于市场需求导向的高职教育治理结构。这种职教模式的特点是以市场调节为导向，因为这种模式是基于生产企业、劳动力市场对工作和职业技能的需求。以市场需求调节为导向的职业培训体系主要出现在美国和日本等国。其实，市场需求导向模式下并不存在类似高职院校的独立职业培训体系。这种模式的载体还是普通学校，传统教育在学校中占主导，义务教育阶段之后的职业培训则在岗位技术技能培养上发挥了重大作用。而职业培训主要是由企业来承担的，它们必然在培训市场上发挥主导性的作用。

第三种，基于国家行政管理导向的高职教育治理结构。这种职业教育模式是基于政府需求的，其结构类似于传统学校，是在国家行政机关的管理下运行的。这种模式在当今世界运用得最为普遍。普通教育和职业教育融为一体，这种做法在成绩的认定方面表现更为明显，即学生在学校的考核成绩与社会所需求的

①关晶. 西方学徒制的历史演变及思考[J]. 华东师范大学学报(教育科学版),2010,28(01):81—90.

职业技能水平（经常是技能等级）直接挂钩。同时，学校的这种毕业考核成绩既是学生继续接受高等学校深造的依据，也是他进入专业技术领域参加具体工作的证明。政府主导职业教育的愿望越强烈，培训系统的管理和实施就会越封闭。当然，企业也能借助一些间接的方式影响职业教育，比如在法国和德国，一些大型的企业或者行业协会会创立属于自己的学校，这些学校和普通学校一样接受国家的经费补贴，同时遵守国家关于职业培训相应的法律法规。德国波恩大学针对职业教育治理模式开展研究，在世界范围进行比较分析，最终得出结论，德国的双元制职业教育治理模式的职业教育运行效率最高。

3. 简要评述

职业教育包括职前教育，即就业准备教育，以及职后教育，即职业终身教育。职业教育注重个人的知识、技能、素质培养。人才类型侧重技术技能型人才，职业教育培养的人才是适应工业规模化发展的一线人才。推动职业教育治理模式改革是职业教育发展的需要，但是治理模式是一种创新性活动，它要求并促进传统政治、行政制度改革，力图构建一个多元参与、多中心的公共政策体系。如果只是在形式上引进、借鉴国外高校治理结构而没有进行本土化，没有适合本国政治制度环境，这种探寻和改革是不太切合实际的。治理结构是对各种治理要素按一定规则的排列组合。高职治理要素分为外部治理（政府）、内部治理（学院）和第三方治理（市场）。高职治理机构的规范化和科学化要求高职治理模式的建立必须在交流、协作、效率、互动的基础上进行，并最终形成政府、社会、大学各自独立、相互制衡、权责明确、运转协调的关系框架，其基础绝不是政府强制。英国的弗里曼教授在1987年出版的《技术和经济的运行：来自日本的经验》一书中指出，校企合作涉及两个不同属性的机构的活动，学校从事教育活动，提供公共产品服务，企业从事生产服务活动，属于市场经济范畴。不同类型主体之间的合作，需要政府参与协调。只有政府协调校企合作、工学融合，才会极大地促进职业教育快速发展和企业经济不断增长，这需要一个国家在战略上整体考量。

1.3 研究思路

1.3.1 基本思路

中国现有高职教育管理模式，是政府占主导地位的“一元单向”管理模式，特别强调政府的绝对地位与决定作用，其他利益相关者难以参与并表达需求。如何根据高职教育治理的多元主体参与，建构政府、社会、学校多元主体互动结构，实现利益相关者协同治理模式，是从权力运行和权力配比上的根本改变，将会极大地推进中国高职教育治理现代化进程。具体而言，研究线索是：协同治理理论与实践（理论与模式分析）——为什么要研究高职教育协同治理并创新治理模式（需求取向）——中国高职教育治理的历史与现状（系统环境分析）——高职教育治理的国内外案例比较（案例比较分析）——高职教育协同治理模式的多元主体关系结构设计——高职教育协同治理模式的运行机制设计（政策建议）。

1.3.2 结构安排

在第一章导论中，简要梳理国内外大学治理和高职教育治理的研究成果，分析研究重点和难点问题。第二章首先对职业教育、高职教育、治理和善治等核心概念予以界定。随后，对协同治理理论的国内外研究进展进行全面阐述，并分析这个理论对中国高职教育治理模式的指导作用和借鉴意义，并尝试完成理论分析框架的构建。第三章对中国高职教育治理模式按照时间序列进行政府政策和实践模式的梳理和分析，同时对中国高职教育治理困境进行深刻剖析。第四章通过案例分析法，比较和借鉴国内外高职教育治理案例，提炼协同治理结构要素，总结出对中国高职教育治理模式的有益启示。第五章侧重高职教育协同治理模式的多元主体设计，通过对治理主体的初始条件进行分析，集聚多元主体共识，形成三维交互模式。第六章侧重高职教育治理模式的结构设计和运行机制，通过构建政府、社会、学校三维主体交互模型，分析高职教育协同治理的主体、结构、机制、工具，尝试构建外部治理范式和内部治理范式，实现高职教育的善治。

本书研究的重点是：以政治学理论为基础，分析高职教育治理主体的结构关系，通过对权力运行和权力配比的结构分析，构建政府主导下的政府、社会、学校三维主体交互结构，以及治理结构的运行机制。

本书研究的难点是：在坚持加强党的全面领导的背景下，构建政府、社会、学校的权力结构，以及各主体的权力运行机制，治理主体结构及运行机制的逻辑关系还有待检验与评价，难免出现主观倾向。

1.3.3 研究方法

当代社会科学研究范式的最大转变，乃从传统的“问题发现”取向转向“问题解决”取向。科学规范的社会科学研究范式越来越被推崇，其主要研究流程包括：确定学科急需面对或解决的议题；确定研究主题；根据不同研究主题采取不同的研究方法。政治生活研究场域主要围绕社会脉络中不同个体或不同组织及其所建构的关系模式三个层面展开。研究方法包括历史分析法、制度内容分析法、要素分析法、结构主义与行为主义分析法等。

从社会科学研究漫长的发展历程上看，不同学者根据不同的世界观和认知路径探讨社会科学研究的方法。根据不同的研究方法可归纳为以下几个类别：第一类为以大卫·休谟为代表的哲学思想学派，采取价值与事实二分法，将研究方法分为实证与规范两类。实证分析方法，主要通过归纳或者推理等方法回答研究者“是什么”的质询，从客观层面分析问题并得出结论，结论可以放诸实践中进行验证，在分析工具上既可以采取定量研究也可以采取定性研究。规范分析则主要是以价值判断作为研究基础，采取演绎或者推理的方法解决“应该为何”的核心问题，其主要分析方法为定性分析。第二类是以经验主义和理性主义为主要划分标准的分类方法，将研究方法二分为经验分析法和理论分析法。经验分析强调采用归纳法，在现实情境和实际脉络中提纯生成理论知识体系，并以实践检验其科学性，其主要分析方法包括案例研究和统计分析法等。理论分析法则强调逻辑演绎与结论推导，从抽象概念解析出发，重视过程分析与理论脉络探究，主要分析工具包括数理模型建构-形式理论等。第三类是基于理论知识体系的生成和理解视角，将研究范式二分为定量研究和定性研究。常见的定量研究工具有统计分析法、数量建模等。定性研究方法也称为质性研究，主要研究工具包括文本分析法、个案分析法、田野调查法等。

本书以经验分析研究方法为主，主要应用方法有以下三种。

1. 文献分析法

文献阅读是所有研究工作的基础，通过对国内外与研究对象直接相关和间接相关的材料进行阅读、总结、分析，可以了解研究领域的主要观点、主要问题及主要研究方法。通过大量阅读国内外已有研究成果，梳理出治理理论在教育治理中的实践活动。高等职业教育治理因具有市场导向特征，体现出公共机构和非公共机构共同治理的特点，故有助于在研究中聚焦协同治理理论和实践。通过分析国内外教育协同治理的理论和实践，可以提炼出完善的教育协同治理模型，此模型便于研究者构建适应中国现状的高职教育协同治理模式。

2. 案例分析法

观察不同背景中政治问题的处理方式，能够为政策学习与展现新的思想和新的视野提供重要机会。案例分析法是建立社会科学通则式概括的基本方式之一，也是政治科学检测理论命题的最明显路径。其中，差异法是对两个相似个案的研究，这两个个案之间的不同仅在于某些变量间的关系，而这正是人们所要研究的。共同法是其中的个案除了有待研究的变量以外在其他方面各不相同。个案分析是力图通过对单一研究单元深入细致的分析，来理解大量相似单元。一个单元就是时空上有边界的研究客体。对几个案例（不同国家和地区）的比较，使得研究者能够权衡一个特别的政治现象仅仅是一个地方性的问题还是一个带有趋势性的事件。本书在对国内外协同治理理论与实践成果进行分析的过程中，既比较不同国家制度背景的差异，也探寻协同治理理论模型的通用性，以保证在研究过程中构建的高职教育治理模式符合中国国情。

3. 历史分析法

将对政治事件、问题和过程的解释放到历史背景之中，忠于实证主义者对过程追溯和因果关系的关注。任何对于政治进程的好的解释都必须将历史视为一个基本要素，要认识到政治进程都发生在历史之中，既要掌握历史背景知识，也要掌握政治进程发生的地点与时间，了解它们如何产生影响。本书梳理了中国近代100多年来，高职教育发展历程及政策变迁，基于制度体系变化分析现实，研究系统环境。

1.4 创新与不足

1.4.1 创新

(一)基于协同治理视角的中国高职教育治理模式研究，是基于政治学理论的教育治理研究，在现有的国内研究中还没有比较成熟的研究成果，本书的研究视角及研究方式具有一定的独特性；

(二)借鉴国内外高职教育治理实践模式，分析模式构建环境、要素等，分析中国高职教育协同治理模式，以权力结构变更为出发点，尝试构建三维主体关系和权力运行模式，体现出一定的探索性；

(三)在构建高职教育协同治理结构的同时，进行协同治理运行机制的设计，既对协同治理模式构建起保障作用，其行动导向也对高职教育治理的实践活动起指导作用。

1.4.2 不足

（一）基于协同治理理论框架的高等职业教育治理模式研究、协同治理理论模型分析与教育实践运用的契合性，以及能否达到预期成效并形成实践经验还有待进一步评价与完善；

（二）在中国高职教育发展现阶段，还存在着不同治理主体之间权力运行和权力配比融合难的困境；

（三）多元主体结构关系与运行机制设计之间的逻辑关系有待深入研究和实践检验。

第2章　核心概念、分析框架与研究设计

研究问题首先需要进行的是概念研究，只有概念清晰才能解决问题。正如德国学者沃尔夫冈·布列钦卡提出的，“应用概念来描述全面的现象，并通过概念研究提出规律性假设，进而开展研究工作”。①因此，对概念全面、详细、完整的表述尤其重要。②

本章主要研究“职业教育”“高等职业教育”“治理与善治”“协同治理”等的界定，协同治理分析框架以及本书的研究设计。高职教育是研究的问题与焦点，更是目标。治理理论、利益相关者理论、协同治理、合作治理等理论是论文研究的理论基础。因此，阐释核心概念，确定理论分析模型，是对高职教育进行深入研究的前提和基础。

2.1　核心概念厘定

2.1.1　职业教育

职业是指随着人类发展和劳动分工而形成的社会工作的类别。产业结构决定劳动者的职业结构。职业教育是进行岗位知识技能培养的教育。③根据1996年职业教育法的规定，中国职业教育包括从初等到高等的各级职业教育，是进行职业

①沃尔夫冈·布列钦卡. 教育科学的基本概念——分析、批判和建议[M]. 胡劲松,译. 上海:华东师范大学出版社,2001:14.

②马克斯·韦伯. 社会科学方法论[M]. 杨富斌,译. 北京:华夏出版社,1999:34.

③汉语大辞典（第8卷）[M]. 上海:上海教育出版社,1991:118.

技能培养，面向市场岗位要求的一种教育活动。现代职业教育起源于工业社会大规模生产劳动，职业教育一方面是职前教育，即职业准备教育，强调受教育者学习职业所需的知识与技能；另一方面是终身教育，即职业继续教育，提升学习者持续发展能力。

杜威认为，职业教育是为从事某种特定职业工作做准备的教育；斯内登认为，凡为生活做准备的教育都可称为职业教育；梅斯在《职业教育的原理和实践》中指出，职业教育是为学生将来从事某种特定职业做准备的教育；《国际教育辞典》指出："职业教育是指，在学校内或学校外为提高职业熟练程度而进行的全部活动，包括学徒培训、校内指导、课程培训、现场培训和全员再培训。当今则包括职业定向、特殊技能培训和就业安置等内容"。广义的职业教育泛指一切增进人们职业知识和技能、培养人们职业态度，使人们能顺利从事某种职业的教育活动。[①]狭义的职业教育就是指学校职业教育，即通过学校对学生进行的一种有目的、有计划、有组织的教育活动，使学生获得一定的职业知识、技能和态度，以便为学生将来从事某种职业做准备。从其外延上来看，现代职业教育既包括学校职业教育，也包括校外的职业培训；既包括职前教育，也包括职后的继续教育；既包括正式教育，也包括各种形式的非正式教育。也就是说，现代职业教育具有典型的公共品和非公共品属性混合的"准公共品"属性，它既体现国家意志，又体现技术技能或劳动力再生产的资本属性。换言之，它是处于"公"与"私"之间的一个领域。政府作为国家公共权力的载体，承担现代职业教育的公共责任，即为社会劳动力再生产和人力资源配置提供公共财政支持，但职业教育的非公共责任无法由政府全权负责，获取技术技能人才的组织以及获取职业知识和技能的个人需要为此提供补偿。

在职业教育发展过程中，国际上较为流行的称谓还有几种：一是"技术和职业教育"，是1974年联合国教科文组织对职业教育进行描述的一种方式；二是"职业技术教育"，在我国是指"宽口径"的职业技术教育；三是"职业教育"，是德国、美国等的提法，专门指为职业发展而进行的教育，主要目标就是培养职业能力。通常职业教育是指针对一般熟练工人的教育和培训；技术教育是指培训技术人员的教育；专业教育更高一个层次，以培养工程师或高级专业技术人员为主。我国职业教育法中使用"职业教育"，确定了职业教育的基本概念，与"技术和职业教育"的内涵一致。

伴随现代经济社会的快速发展，职业教育也需要适应市场需求，尤其是适应

①刘春生,徐长发. 职业教育学[M]. 北京:教育科学出版社,2002.

企业岗位要求。因为，职业教育与每个人的职业活动密切关联，必然对每个人的职业发展产生极大影响。刘春生、徐长发认为，职业教育是培养具有专业知识，服务工作岗位的专门人才。[①]同时，徐国庆认为，职业教育是以实践教学为主导的教育，主要特点就是实践性。[②]

从国外文献来看，职业教育随着工业规模化生产而发展起来，在西方国家几百年的经验积累中，显现出以下几个发展特点：①职业教育发展紧跟社会经济需求，满足经济社会建设发展。在欧盟，从1957年最初启动联盟之初，提出了《罗马条约》，在文件中就表示要加强职业教育及职业培训。1985年3月欧洲公平法院决定，在高等教育体系里建设高等职业教育。[③]1993年欧盟委员会发表《竞争、增长和就业》白皮书，提出各国加强合作培养体制，建立终身学习体系，并且把职业教育纳入体系之中，成为教育体系的重要组成部分。欧盟先后制定了《里斯本战略》《哥本哈根宣言》《马斯特里赫特公报》和《赫尔辛基公报》等文件，进一步突出了各国对于职业教育的重视和推进。[④]②构建本国职业教育法律体系。以德国的职业教育法律体系建设为例，1969年德国颁布了关于职业教育的基本法令《职业教育法》，这部法律确定了最早的原则性规定内容。后续又发布了《企业基本法》《培训员资格条例》《职业教育促进法》《青年劳动保护法》等。[⑤]随着法律体系的不断完善，各项内容也不断充实，对于资金、规划、管理、使用等趋于完备。2005年4月，联邦政府颁布《联邦职业教育法》，强化对行业协会的法律约束，同时废除原来的两个相关法律。[⑥]③各国不断完善职业教育体系，促进本国职业教育活动的开展、实施和监督等。以澳大利亚为例，TAFE体系是该国职业教育的最大特色，即通过网络教育系统，实现全国职业教育课程包共享机制，为全国青年提供受教育的机会，这种国家制定职业培训标准，并通过课程包提供给受教育者的方式，极大地促进了职业教育的发展，同时为社会弱势群体提供服务，让他们有继续接受教育的机会。[⑦]

①刘春生,徐长发．职业教育学[M]．北京:教育科学出版社,2002.

②徐国庆．实践导向职业教育课程研究:技术学范式[M]．上海:上海教育出版社,2005:242.

③雍冀慧．欧盟职业教育培训政策历史演进研究述评[J]．中国职业技术教育,2009(30):39—43.

④Johanna Lasonen,Jean Gordon,李玉静,陈衍．增强职业教育吸引力 欧洲的政策、理念与实践[J]．职业技术教育,2009,30(12):24—37.

⑤杨洁．德国高等职业教育发达原因分析[J]．职业技术教育,2009,30(13):90—93.

⑥蔡跃,王继平．从《联邦职业教育法》看德国行会在职业教育中的作用[J]．教育理论与实践,2011,31(06):25—27.

⑦陈小琼,谭绮球．试析澳大利亚政府高等职业教育政策的价值取向[J]．高教探索,2010(01):73—75.

2.1.2 高等职业教育

“高等职业教育”概念是一个由教育、高等教育、职业教育复合而成的概念体系，选择不同的属种关系（指概念外延的包含关系）就有表征不同的内涵。作为一个多层级概念体系，需要使用多个上位概念或按照多种准则安排下位概念。

在中国，“高等职业教育”实质上是“高等职业技术教育”。联合国教科文组织在1974年1月19日第18届大会通过的《关于技术和职业教育的建议》文件中指出，技术和职业教育是保持现代文明的复杂结构及经济和社会发展的先决条件，建议把职业和技术当作一个综合性的名词使用，从此便有了“职业技术教育”这个词语。科技的飞速发展和社会职业岗位的变动，使职业技术教育由中等教育层次延伸到高等教育领域，进而催生了“高等职业技术教育”。“高等职业教育”与“高等职业技术教育”二者概念的关系， 实质上是我国本土话语和西方强势话语的争夺和冲突关系，二者在本质内涵方面并无区别。但是在“高等职业技术教育”概念中保留“技术”二字，是对“技术”在职业教育中的“不可取代性”“核心”而非“附属”地位的一种认同与强调，这个概念更能体现高等职业教育的本质属性。我国通常使用“高等职业技术教育”的概念，主要是为了强调技术的专业属性，也是进一步明确高等职业教育活动的适用范围。①

国际上将不同层次的职业教育分为三种：培养一线技术工人的称为“职业教育”，培养技术员的则称为“技术教育”，培养工程师的称为“工程教育”。“职业带”理论除了可以解释这三个系列人才的地位和特点外，还可以解释随着科技进步与生产技术的发展，人才结构的演变及其与教育的关系。②我国现在的“高等职业教育”对照西方的“技术教育”，主要是培养职业岗位的技术员到工程师层次的人才。③

由于社会经济的不断发展，职业教育的层次也不断提升，基于上述背景产生“高等职业技术教育”。高职教育具有高等教育和职业教育的两种特性。高等职业技术教育，简称高职教育，是职业教育中的高级阶段，其含义包括以下内容。

其一，它属于教育的范畴。从高职教育的社会活动属性和影响受教育者的身心发展目标分析，教育属性体现明显。

①梁志，赵祥刚．高等职业教育的概念解析及其内涵的厘定[J]．山东师范大学学报(人文社会科学版)，2008(01):88—91.

②郑余．高等职业技术教育概念术语辨析[J]．浙江师范大学学报，2006(02):7—11.

③石伟平．比较职业技术教育[M]．上海:华东师范大学出版社，2001:65.

其二，高等教育的属性。高等职业技术教育属于高等教育，目前主要是高职院校完成大专层次教育，但是，不应该局限于大专层次，应逐步完善高等职业教育"立交桥"。

其三，它是高等教育中的特殊类型。普通高等教育侧重学生的素质教育，强调传授知识、训练思维、提高能力，向着学术型、研究型、工程型等方向发展。高等职业技术教育具有不一样的特征，主要体现在以下三个方面。

（1）职业性

高等职业技术教育培养目标是根据市场需求以及就业岗位需要来确定。

（2）实践性

高等职业技术教育侧重岗位实际能力培养，教育教学过程强调实训和实习，通过培训使学生获得极强的岗位适应能力。

（3）开放性

高等职业技术教育面临市场选择，应对社会经济快速发展，迅速适应技术技能的最新动态，实现技术迅速转化，具有职业教育对接社会需求的特点。

其四，职业教育发展通道。高等职业技术教育完善了职业教育体系。但是，针对市场需求和个人发展，提升职业教育学生的水平，并给予持续发展的途径，需要加强与普通高等教育的层次对接，促进学生继续学习发展。

2.1.3 治理与善治

"治理"原意为控制和操纵。"治理"的传统含义是指权力的运行。治理最初起源于国际组织的评价活动，主要体现在改善受援国或投资国社会政治环境的能力，国际组织的援助机构依靠治理指标去评价和奖励那些治理质量得到改善的发展中国家。治理理论产生于社会资源配置不平衡，由于涉及不同主体的权力，治理被广泛接受。到20世纪90年代，对治理的重视提到新的高度，主要问题集中在西方国家的政府体制和市场体制的局限性上，以及政府在管理领域中的失效。①

根据《韦氏词典》，"治理"即权威性的指挥和控制。治理是一种新的政府管理方式，对"治理"概念的阐释应是当代治理理论分析的起点。一方面，由于治理理论试图概括社会变迁中纷繁复杂的现象，体现出治理理论对社会诸领域的

①俞可平. 国家治理评估——中国与世界[M]. 北京:中央编译出版社,2009.

广泛影响；另一方面，由于研究者的局限，对治理的理解出现了不同的方向，实践方面也有了不同的探索。据统计，目前全球治理概念不下200个。[①]尤其是随着网络技术的普及与运用，基于网络思维的网络治理技术亦得到更多研究与关注。

治理理论创始人之一詹姆斯•罗西瑙在其代表作《没有政府的治理》和《21世纪的治理》等著作中将治理定义为多元主体参与共同目标的活动，通过政府权力提供公共服务，还要通过利益激励让更多相关者参与活动。

1992年世界银行在《治理与发展》报告中系统阐述了关于治理的看法，在两个层次上使用这个概念：一是“技术领域”，强调治理就是建立“发展的法律框架”和“培养能力”，其中包括实现法治、改进政府管理、提高政府效率等；二是支持和培养公民社会的发展，自愿性组织、非政府组织、各种社团等都是要发展的对象。世界银行把治理与健全管理联系在一起，认为有必要建立标准和规章制度，以便为公共事务的处理提供一个可靠而透明的框架，而且要求掌权者报告他们的工作。在这方面，各国政府负有重大责任。良好的治理应该调动非政府机构，尤其是私营企业参与公共事务管理。[②]

1995年，全球治理委员会在《我们的全球伙伴关系》中指出：治理既是公共事务管理活动，也是激励社会主体参与公共事务的活动。

1998年，英国学者格里•斯托克对流行的各种治理概念做了一番梳理后指出，到目前为止，各国学者对治理理论已经提出了五种主要观点：①治理是指一系列来自政府，但又不限于政府的社会公共机构和行为者的复杂体系；②治理意味着在为社会和经济问题寻求解决方案的过程中，存在着界线和责任方面的模糊性；③治理明确肯定了在涉及集体行为的各个社会公共机构之间存在着权力依赖；④治理意味着参与者最终将形成一个自主的网络；⑤治理意味着办好事情的能力并不限于政府的权力、政府的发号施令或运用权威。在公共事务的管理中，还存在着其他的管理方法和技术，政府有责任使用这些新的方法和技术来更好地对公共事务进行控制和引导。

治理在许多语境中都大行其道，以至于一切管理领域中的机制创新都可能被视为治理。相应地，在实践中治理也被赋予各种任务，包括社区自治、地方治理、国家治理乃至全球治理等。然而，尽管治理理论流派众多，其核心内容仍是国家、社会以及公民的共同治理，即多中心治理。具体而言，传统观念认为公共事务的管理权只属于政府，政府运用政治权力和权威，对整个社会实行自上而下的单

①孙柏瑛．当代地方治理——面向21世纪的挑战[M]．北京:中国人民大学出版社,2004:19.

②大卫·威廉姆斯,汤姆·杰克逊．治理,世界银行与自由主义理论[J]．政治学研究,1994:42.

一向度的管理。而治理理论认为,现代社会的发展必然要求实现公共服务的多元化供给,政府机构、私营机构和志愿性机构等通过合作、协商、伙伴关系等方式对公共事务进行共同管理,其权力构成和运行机制是多元的、相互的。

在管理领域中的机制创新都可能被视为治理,其核心内容仍是政府、社会以及公民的共同治理,即多中心治理。治理理论认为,现代社会的发展,实现对公共事务的共同管理,须通过合作、协商、伙伴关系等方式完成。

从政治学的角度看,治理体现政治的创新潜力,强调国家、社会与公民之间的互动关系,通过改变规则激励他人参与,并推动社会向生产力的方向发展,尤其是对社会公共资源的处理。但是,新的多元治理主体既不能代替市场自发地对资源进行有效配置,也不能代替国家和政府享有合法的政治权威,存在治理失效的可能性。在治理实践过程中,为了实现好的治理,出现了“有效的治理”和“善治”等概念,与治理互换、交叉使用。善治的本质特征就是体现多元参与,主要是政府、社会、公民的合作管理。①因此,治理的最终目的是善治,政府、社会、市场、组织、公众等多元主体参与公共事务活动,以协调彼此关系,获得多方较为满意的结果。②

欧盟提出,善治是在一定的政治和制度环境下,为实现公平和可持续发展而采取的对人和自然进行透明且负责任的管理。这种描述明确提出在公共权力层面有决策程序、透明且负责任的制度安排,并且在管理和分配资源时有法律的约束。从新自由主义、人类发展观和人权主义这三种发展观,分析善治的理论、政策和实践:新自由主义力争创造一个促进市场繁荣的环境,要求治理目标是确定法律和法规机制保障资本的利益;人类发展观强调对人本身的关注,从广阔的人类发展视野推向社会、生态和文化领域的可持续发展,主张有一个全能政府,构建一种有利于市场和私营部门发展的政策环境;人权主义的观点认为,人是发展过程中积极的利益相关者,对发展起中心作用,实现发展、公正、再分配和平等的首要职责在于各级政府机构,要求政府建立享有权力的社会、经济和政治环境。

因此,善治需要与各国国情相适应,在实践中必然会形成治理模式的多样化。善治赋予治理更多价值理性的特征,使治理不仅仅是涉及谁来治理和如何来治理的理性思考,而且对治理得如何有了目标价值评价,从而使治理体现出工具性和价值性相统一的特征。从管理理论分析来看,善治的核心是现有政府采用什

①俞可平. 国家治理评估——中国与世界[M]. 北京:中央编译出版社,2009.

②俞可平. 全球治理引论[J]. 马克思主义与现实,2002(01):20—32.

么新的施政工具，从系统的观点来看，善治能够从根本上影响现有的组织、制度和过程，是对新的实践的一种探索。

2.1.4 协同治理

近三十年来，随着治理理论和实践活动的不断深入，政府及非公共组织共同参与活动的案例丰富，不断有研究者提出协调治理的理论研究和实践模型，尤指公共部门和非公共部门之间的协调，逐渐形成共识，即“协同治理”，存在“协力治理”“合作治理”和“协作治理”等不同翻译。

在这个转型的时代里，公共机构面临新公共管理运动的推进，需要调整和改变主体关系。公共事务需要通过由公共机构、私人机构和非营利组织共同参与所组成的伙伴关系和网络来实现。由于知识的专业化和分工合作的细化对协作的需求增加，因此，知识和制度的发展加强了合作的趋势。

一个或多个公共部门与非政府部门一起参与正式的、以共识为导向的、商议的、旨在制定或执行公共政策或管理公共事物或资产的治理安排。这个定义强调了六个重要的标准：①本次论坛是由公共机构或其他机构发起；②论坛的参加者包括非国家行政机构；③参加者直接参与决策，不仅仅是“咨询”公共机构；④论坛正式组织并召开集体会议；⑤该论坛旨在通过协商一致做出决定(即使共识是在实践中没有实现)；⑥协作的重点是公开的政策或公共管理。

“协同治理”一词最初用于教育和卫生专业领域的治理实践活动，通常用于描述在课程管理和公共卫生服务方面的各个部门和学科之间的合作。对美国过去15年的多案例进行调查发现，它具有多重含义和应用。例如，在规划和环境管理领域，研究人员一直在研究将跨界合作作为协同规划、协作过程、协作环境管理、环境治理和冲突解决、基层生态系统管理的路径。这种涵盖范围更广的新兴跨界治理形式，超越了公共管理者或正式公共部门的常规关注，还涵盖了一些更传统的跨界形式，诸如机构间合作。

一些学者将机构间的协调描述为协同治理，使用协同治理这个术语来表示公共机构和非国有利益相关者之间不同类型的关系。协同治理是协调公共和私营部门实现共同目标的合作，主要实践方式是制定公共产品提供的政策和规则。例如，史密斯认为，协同治理包含“关键利益集团的代表”。康尼克和英尼斯认为协同治理主体包括“所有相关利益的代表”。莱利将协同治理描述为一种解决问题的方法，涉及政府机构和有关公民的共同追求。

协同治理还意味着非国有利益相关方应对政策成果负实际责任。因此，应当限制已有利益相关者直接参与决策权利。弗里曼认为利益相关者需要参与决策过程的所有阶段。佩基和萨巴蒂尔研究的流域合作关系，在一定政策范围内参与河流及相关流域的水资源管理问题。公共机构以及利益相关者参与治理过程，特别是直接参与决策过程。沃尔特和切赫将协同治理描述为“涉及联合活动、共同结构和共享资源”的正式活动。帕迪拉和代格尔规定了“结构化安排”，这种正式安排意味着组织和结构。

因此，协同治理关注公共政策和问题。对公共问题的关注将协同治理与其他形式的协商一致决策区分开来。在承认公共和私人之间界限不明确的同时，我们将“协同治理”一词的使用限制在公共事务的治理中。一系列术语经常与协同治理互换使用。这些术语包括参与式治理、互动式政策制定、利益相关者治理、协作治理和合作管理，我们更倾向于“协同治理”这一术语，因为它更广泛，涵盖治理过程的各个方面，包括规划、决策和管理。

在中国，协同治理的概念界定同样模糊不清。由于译介国外术语的方法不同、理解协同治理内涵的视角不同等原因，致使一些相似性概念相互交织、混淆使用，这在一定程度上制约了协同治理概念的辨析与澄清。田玉麒博士综观已有研究成果，将国内学界对协同治理概念的理解分为三种取向①：

第一，将协同治理视为自然科学中的“协同学”与社会科学中的“治理理论”的交叉与结合，从理论融合的角度寻求二者的耦合性。此种观点认为，“协同学”中“序参量”的概念为现代管理学提供了新的理论视角，可以通过控制系统中的序参量实现系统的稳定、有序变化。结合治理理论中多中心、多主体等观点，在网络信息技术的支持下，协同治理是政府、民间组织、企业、公民个人等，对于社会公共事务的相互协调和合作治理，以维护和增进公共利益之目的。②郑巧和肖文涛认为，协同治理是一个开放的整体系统，政府、非政府组织、企业、公民个人等子系统相互协调、共同作用，实现力量的增值，最终增进公共利益最大化。③蔡延东认为，基于协同学理论，政府与非政府组织共同参与，组成公共治理结构，实现公共治理目标。④

①田玉麒．协同治理的运作逻辑与实践路径研究[D]．吉林大学,2017.

②何水．协同治理及其在中国的实现——基于社会资本理论的分析[J]．西南大学学报(社会科学版),2008(03):102—106.

③郑巧,肖文涛．协同治理:服务型政府的治道逻辑[J]．中国行政管理,2008(07):48—53.

④蔡延东．从政府危机管理到危机协同治理的路径选择[J]．当代社科视野,2011(11):31—35.

第二，将协同治理视为全球化、后工业化社会的治理体系变革，在国内文献中多以“合作治理”的形式出现。刘伟忠提出公共或私人机构参与协同治理，构建主体结构关系，形成公共事务处理模式，实现公共管理目标。①人类社会进入全球化、后工业化时代，社会具有高度复杂性，同时还有高度不确定性。②在这种情况下，合作治理是必然选择。政府的集权主义取向被有力回避，民主参与型的政府中心主义取向得到成长。③张康之认为，合作治理的出发点就是治理主体间的参与关系，公共部门与非公共部门协调、平等参与公共事务管理，体现地位平等的共同治理。④

第三，是对国外术语“collaborative governance”的译介和沿用。从目前国内文献来看，“协同治理”“合作治理”“协作治理”是比较常用的翻译形式，也有译为“协力治理”的。针对这种情况，有学者试图通过比较辨析这些相似性概念及对其相互关系的探讨以澄清协同治理的形式与内涵。敬乂嘉则认为合作治理是关键，应认识治理过程中的多元性。同时，敬乂嘉认为以公私合作为基础，合作治理是公共服务治理过程与形态的概括。⑤侯琦和魏子扬认为，政府与非政府组织共同参与，体现多元主体的共同目标，有利于实现公共管理。⑥颜佳华和吕炜则从内涵、外延、内容以及特征四个方面对“协商治理”“协作治理”“协同治理”与“合作治理”进行了辨析，并分析了它们之间的相互关系，四种模式的发展适应公共管理的不同阶段。⑦姜士伟认为，无论是从用词的准确性，还是从词语的使用历史，抑或是政府治理实践活动等角度来看，“协作治理”都是更准确的翻译方式。⑧田培杰则从历史维度和多学科维度考察了协同治理概念使用的发展演化史，并在综合比较国内外学者观点的基础上，指出这样一个过程：政府与企业、社会组织以及/或者公民等利益相关者，为解决共同的社会问题，以比较正式的适当方式进行互动和决策，并分别对结果承担相应责任。⑨张贤明和田玉麒通过对“协同”概念的词源学分析，

①刘伟忠. 我国协同治理理论研究的现状与趋向[J]. 城市问题,2012(05):81—85.
②张康之. 走向合作的社会[M]. 北京:中国人民大学出版社,2015:89.
③张康之. 论参与治理、社会自治与合作治理[J]. 行政论坛,2008(06):1—6.
④张康之. 合作治理是社会治理变革的归宿[J]. 社会科学研究,2012(03):35—42.
⑤敬乂嘉. 合作治理——再造公共服务的逻辑[M]. 天津人民出版社,2009:171.
⑥侯琦,魏子扬. 合作治理——中国社会管理的发展方向[J]. 中共中央党校学报,2012,16(01):27—30.
⑦颜佳华,吕炜. 协商治理、协作治理、协同治理与合作治理概念及其关系辨析[J]. 湘潭大学学报(哲学社会科学版),2015,39(02):14—18.
⑧姜士伟. “协作治理”的三维辨析:名、因、义[J]. 广东行政学院学报,2013,25(06):11—15.
⑨田培杰. 协同治理概念考辨[J]. 上海大学学报(社会科学版),2014,31(01):124—140.

主张从“决策制定过程”“构建良善关系”和“善治实现方式”三个维度理解协同治理的内涵，认为协同治理是“全球化时代，由跨组织、部门和空间边界的公共部门、市场组织、社会组织或个人相互协调合作，共同解决棘手公共问题的过程”。①

2.2　分析框架

本书基于协同治理视角，利用协同治理模型结构分析，形成协同治理模式的构成要素。协同治理理论从出现之初就是与实践活动相伴随的，实践活动也是充实理论的重要支撑。例如，唐娜·伍德和芭芭拉·格雷利用“前期—过程—结果”的三个阶段分析，按照时间序列安排协同治理过程，不断完成计划目标。彼得·史密斯·林和安德鲁·范德文提出了一个更为特殊的方案，他们将协同行动视为循环的而非线性的过程，按照这个逻辑，组织间的协同行为即是“评估—协商—承诺—执行”的循环过程。安·玛丽·汤姆森和詹姆斯·佩里则基于前者的研究，对协同行动进行了多维度考察，构建了“协同多维模型”。

中国的学者在协同治理模型和运作流程的建构方面做出了探讨，曹堂哲从政策科学出发，构建了“基于政策循环和政策子系统的跨域治理协同分析模型”。这一模型分为三个部分，即政策循环(包括政策评估、政策执行、公共决策、方案规划、议程设置)、政策子系统(行动主体、制度结构、政策工具)、跨域事务。②陶国根在社会管理领域构建了“动因—过程—结果”的社会协同机制模型。其中，动因即社会协同形成，需要确认目标、了解显示状况并分析差距；过程即社会协同的实现，包括机会识别、责任分配、信息沟通以及功能整合；结果即社会协同的效果评价，包括效果检验和监督反馈。③郁建兴和任泽涛基于社会建设中政府与社会的关系考虑，考虑政府和社会两个角度，构建了社会协同治理的一个分析框架。他们认为，为了实现“充满活力、和谐有序”的治理目标，政府主体应通过构建制度化的沟通渠道和参与平台，引导社会主体自主治理、

①张贤明,田玉麒. 论协同治理的内涵、价值及发展趋向[J]. 湖北社会科学,2016(01):30—37.
②曹堂哲. 政府跨域治理协同分析模型[J]. 中共浙江省委党校学报,2015,31(02):33—39.
③陶国根. 论社会管理的社会协同机制模型构建[J]. 四川行政学院学报,2008(03):21—25.

参与服务以及协同管理，形成“政府主导、社会协同、共享共建”的社会治理模式。①

2.2.1 协同治理模型分析

本书采用Chris Ansell和Alison Gash的SFIC协同治理模型为主要分析框架，将文献研究和经验研究相结合，通过对文献的分析以及对137个案例的考察，形成协同治理的权变模型，即“初始条件—制度设计—领导能力—协作过程”，模型具有四大变量，这些变量都可以被分解成更精细的变量。协作的过程变量为模型的核心，与初始条件、制度设计和领导能力变量共同为合作进程中的代表。

1. 系统环境

系统环境是系统以外所有影响因素的总和。系统周围对系统产生影响的因素，在系统和环境之间不断产生物质、能量和信息的交换。系统形成以后，系统的运行将会产生新的变化，而变化因素也会对系统所在环境发生作用。因此，系统环境是系统的关键影响因素。

协同系统环境是协同治理发生的现实场域，是协同治理产生与启动的背景性条件。对系统环境的全面分析与深入考察，是确保协同治理成功启动并维持稳定性和可持续性的必要条件。系统环境中的某些要素对协同治理具有促进作用，而另一些要素则可能产生阻碍作用。事实上，协同治理产生的核心目的在于改变问题产生、恶化或维系的环境条件。

协同治理与外部环境之间的关系，需要回答三个方面的问题，即外部环境中会有哪些因素对协同治理产生影响？外部环境对协同治理产生的影响表现在哪些方面？外部环境和协同团体之间的影响是单向的还是双向的？根据系统理论，组织处在一个复杂和广阔的社会环境之中，环境中包含科技、政治、社会、经济等因素，这其中许多因素都可能对组织产生一定的影响。因为这些系统的外在因素促成了组织之间的协同。

①郁建兴,任泽涛. 当代中国社会建设中的协同治理——一个分析框架[J]. 学术月刊,2012,44(08): 23—31.

2. 制度结构

制度是约束人们行为的组织方式，结构是制度的框架。制度结构是一个体系，往往包括各种正式制度以及非正式的制度。结合制度目标，制度框架的调整与改进有利于制度体系的结构创新。

协同治理是社会面对公共事务获得好的治理方式的行为活动。在处理政府公共事务时，常常涉及公共部门和非公共部门的相互沟通与协调。协同治理模式通过多元参与制度结构设计，促进利益相关者参与，获得公共事务解决的途径。

在目的层面，Ansell和Gash强调构建协同治理模型的最终目的是寻找到协同治理高效运转的方法；在内容层面，模型中的变量包括参与方的权力、相互信任、学习、领导力等，这与协同优势理论所重点关注的主题一致。

3. 主体关系

治理的主体包括政府，但又不仅限于政府。得到社会公众认同的公共部门和私营部门完全有可能成为不同社会层面上的权力中心，并可以成为高职教育治理的主体。协同治理的制度结构决定了治理多元参与主体间的互动，极大地促进了协商解决公共事务中的问题。

协同治理过程中参与主体的角色可归纳为以下几种：①发起人或召集人，致力于发起协同治理行动的组织或个人。他们就某个公共问题发起讨论，并设定解决问题的方向与愿景，利用他们的社会地位、声望吸引同领域或跨部门的其他组织或个人参与协同治理。②赞助人，为协同治理运行提供资助的组织或个人。他们为协同治理的运行提供必要的资金支持，或者基础设施以及会议空间等物质或空间资源。③协调者，作为中立、公正的管理者充当经营政府、市场、社会和个人伙伴关系的润滑剂。一般而言，协调者的主要任务是在治理主体发生冲突或产生差异时解决分歧，维持协同行动的有效性。④拥护者，对协同治理行动持支持态度的组织或个人，他们有志于解决公共问题，但无法靠自己的力量独立完成，因此，当出现参与协同治理的机会时，他们持有较高的参与热情，往往成为协同治理行动的主要力量。⑤技术支持者，与其他参与者相比，他们的优势在于拥有使协同治理成为可能的技术资源，比如大数据、云计算等信息技术，可以为协同决策提供必要的技术支持。

4. 初始条件

初始条件是治理参与各方在参与协同治理前所面对的客观状况。初始条件包括协同治理现实场域的基本构成要素，如政治、经济、社会、文化以及生态环境等多层次、多面向且相互关联的要素组成，从起始阶段就开始对协同治理产生促进或约束作用。初始条件一方面决定着协同治理能否成功启动，另一方面随着时间的推移和协同行动的演变对协同治理产生持续性作用，既形成了协同治理的样态，又影响着协同治理的效果。

但一些重要的参与者在协同治理过程中可能缺乏话语权，造成这种情况的原因有三种：第一，有些参与协同治理的团体并不真正代表其成员的利益；第二，有些行为者因为缺乏足够的知识和技能而无法参加一些较为复杂问题的讨论；第三，有些行为者没有足够的时间、精力或自由来参加比较耗时的协同治理过程。

5. 动因及引擎

协同行为是实现协同治理目标的体现。协同引擎是协同行为的动力源头，包括价值认同和参与意愿。在协同治理实践中，主要表现为有序的公众参与可以带来最有效的解决方案，思想共识是有效参与的阶段性成果。

协同动因是促成协同治理得以启动的内部驱动力量。从公共性角度看，促使协同治理生成的动因在于其解决公共问题、创造公共价值的功能与能力；从个体性角度看，协同治理的动因体现在基于结果激励的相互依赖、基于道德或伦理的行动自觉。之所以将道德与伦理视为协同治理的驱动因素，原因在于其对利益相关者深刻且持久的影响。

6. 协同过程

协同过程是协同治理的动态化运转过程，是协同治理最为核心的部分。具体来说，协同过程是主体集聚、集体协商、承诺协议和协同行动相互作用的联动机制。协同治理的实现依赖于利益相关者的行动，因此，主体集聚是协同过程的第一个阶段，在这个阶段，与公共问题具有利益关系且具有时间、精力、能力、资源等协同资本的行动者通过自主、引导以及命令等方式聚集在一起。当利益相关者齐聚在一起后，他们通过面对面的、真实的对话等方式就问题界定、解决方案和利益诉求等一系列问题展开协商，并促进参与者之间的共同理解、形成参与者之间的信任关系并建立参与者之间的内部合法性。由此，参与者之间逐渐生成对于彼此间共享与互惠，以及对于协同过程责任与奉献的契约型观念，即承诺。承诺的制度化、具体化便是协议，协同过程中的协议包括程序性协议和实质性协议两种类型。协同行动则是对于协商结果和承诺协议的执行与实施。

7. 监督评估

根据协同优势理论，协同治理的成功并不仅仅表现为协同目标的达成，而是具体表现为五种类型：取得成果、获得有效过程、取得意外收获、获得其他组织或公众的认可、在支持协同团体的同时实现个人价值。这五种类型的成功可以作为评判协同治理是否有效果的标准。

对于协同治理而言，监督问责是一个非常重要而又比较复杂的问题。有效的监督问责可以对协同治理过程中出现的失范、失责行为进行纠偏，确保协同过程按照既定轨道运行，及时化解失范、失责行为带来的不良后果，确保公共问题得到有效解决。

2.2.2 协同治理实践领域

协同治理在越来越多的国家和地区以及不同政策实践领域频频出现，成为解决公共问题的重要方式。在美国，协同治理理论被广泛应用于多个领域，比如在跨流域的水资源规划领域，联邦政府与州政府之间通过项目合作的形式，同时吸纳非政府组织、非营利机构参与进来共同合作对水资源进行规划。在英国，为了解决社会福利问题，政府、企业和民间团体结成合作伙伴关系。英国工党政府与志愿部门在1997年达成了《政府与志愿部门关系协定》，形成正式的伙伴关系，在医疗保健和社会关怀、就业和儿童服务等领域加强了合作。在澳大利亚，协同治理的出现为公共政策领域迎来新纪元。20世纪90年代，澳大利亚对危机管理还缺乏系统规划，但2000年以后，其已成为高度复杂、联合的过程。总理与内阁府、外交事务与贸易部、国防部等政府机构联合成立战略政策协调小组实时处理危机事件。[①]

在中国，政府机构向来是公共事务治理的主体，市场和社会在公共领域的角色相对薄弱。但随着经济体制和政治体制改革的推进，中国跨部门、跨领域

①田玉麒．协同治理的运作逻辑与实践路径研究[D]．吉林大学,2017.

的协同治理实践活动也开始了有益尝试。从中国协同治理实践活动开展的顺序结构来看，首先在政府部门内部展开，然后扩展到政府与市场、政府与社会的协同合作。从中国协同治理实践活动开展的领域来看，主要集中在地方政府区域合作、生态环境治理、公共服务供给、公共危机管理等领域。我国研究者认为，协同治理是解决公共服务碎片化问题、提高公共服务供给质量和效率的路径选择。马雪松提出，政府与非政府组织参与协同治理，是公共服务制度供给的有益尝试。[①]田玉麒认为，公共服务协同供给能够回应公共服务的复杂化需求，协同多元主体结构，实现公共服务目标。[②]张贤明、田玉麒提出，以协同供给整合公共服务的碎片化需要构建职责明确、权责统一的组织架构，构建科学合理、有效衔接的运作机制。实践经验证明，协同治理模式切实在公共服务供给领域发挥了特殊功效。[③]

在实践过程中，协同治理涵盖多元化的参与主体，存在的条件可能促进或阻碍利益相关者之间，以及机构和利益相关者之间的合作。如何使它们快速、有效地组合起来是协同治理能够成功启动的重要因素，当前对于协同主体在协同过程中的利益关系以及角色定位缺乏足够的研究。协同治理内部要素之间的相互关系和作用方式，其构成要素之间存在怎样的作用关系，它们又对协同治理模型构建有哪些干预，这些问题仍有待进一步讨论。不同制度环境下协同治理的运作状态缺乏比较分析。

利益相关者参与协同治理时，权力结构关系难以平衡。如果一些利益相关者没有能力、组织、地位或资源参与或与其他利益相关者平等参与，协同治理过程就容易被更强大的参与者操纵。利益相关方必须参与协作的激励措施将成为解释协同治理是否成功的一个重要因素。常见问题表现为：其一，受影响的利益相关者分散得越多，问题时间越长，代表利益相关者就难以参与治理；其二，不同利益相关者的代表，不能完全体现各种利益表达；其三，利益相关者可能没有技术和专业知识来参与高度技术性问题的讨论；其四，一些利益相关者没有时间、精力或自由去参与时间密集的协作过程。Gray认为，参与者之间的权力差异影响了他们的参与意愿。

虽然协作方法可能由立法机构授权，但利益相关者的参与通常是自愿的。当

①马雪松. 结构、资源、主体:基本公共服务协同治理[J]. 中国行政管理,2016(07):52—56.

②田玉麒. 公共服务协同供给:基本内涵、社会效用与影响因素[J]. 云南社会科学,2015(03):7—13.

③张贤明,田玉麒. 整合碎片化:公共服务的协同供给之道[J]. 社会科学战线,2015(09):176—181.

利益相关者可以单方面或通过其他方式实现其目标时，参与的激励程度较低。如果利益相关者认为其目标的实现取决于其他利益相关者的合作，那么参与协同治理的激励才会增加。因此，制度设计作为协作的基本协议和基本规则，对协作过程的程序合法性至关重要。领导被广泛认为是带领各方参与讨论和指导他们通过合作过程协商问题的关键因素，领导促成利益相关者聚集在一起并让他们以合作精神相互交流，对推动合作向前发展起决定作用。

由此可见，协同治理可以避免制定对抗性政策的高成本，扩大民主参与，恢复公共管理的合理性，促进公共管理者与利益相关者建立更加富有成效的关系，并开发了复杂的集体学习和解决问题的形式。同时，需要学习强大的利益相关者的操纵流程。许多案例研究显示，协同治理模式下，协同各方主体的时间很长，增加信任则需要花掉更加长的时间。协同治理的利益相关者有高度相互依赖的关系，即使是以低信任为特征的高冲突情况仍可以协同管理。相互依存促进了参与的愿望和对有意义合作的承诺，并有可能在高度相互依存的情况下建立信任。相反，如果相互依存度较弱，则难以有效建立信任。如果一个利益相关者面临合作缺陷的威胁，所有利益相关者的承诺都可能会受到影响，并且难以形成所有权、理解或信任感。信任和相互依赖部分是内在的，它们由协作过程本身以正面或负面的方式形成。因此，进入协作过程的利益相关者，可能并不认为自己特别相互依赖。但通过与其他利益相关者的对话以及获得的中间成果，可能会对他们之间的关系有一个新的认识。许多案例表明，利益相关者通过合作过程认识到他们的相互依存关系，政府和利益相关者之间更好的合作和协调的需求，在不久的将来会不断改进与提升。

2.3　研究设计

本书以协同治理理论作为核心分析视角，以协同治理逻辑结构和运作模式开展研究：一是结合中国高等教育研究现状，将高职教育治理系统解构为内外部交互的两个动态系统。高职教育的发展与治理并非孤立于政治、经济、社会、文化等外部影响因素而存在。随着高职教育的发展，高职教育治理系统日益由传统的单一管理朝向互动开放发展，外部系统作为输出源，其变革必将产生刺激信息输入高职教育内部治理系统，从而对高职教育内部治理体系造成冲击。全面、动态地看待高职教育治理，有助于我们将高职教育治理议题放置于更为广阔的时代与历史时空中加以考察，更能把握其本质。基于此，本书从内外部两个动态环境分析高职教育治理，系统建构了多元主体治理模式，并重点分析多元主体之间的逻辑结构，以期把握高职教育治理主体的运作模式。二是以Chris Ansell和Alison Gash的SFIC协同治理模型为主要分析框架，关注高职教育基于多元治理主体协同的初始条件，关注有效协同的参与激励诉求、权力资源诉求、协同意愿诉求等前置条件，而现有的文献中大部分未关注这一方面。根据SFIC协同治理模型理论，本书将结合案例分析法，剖析德国、宁波市高职基于治理的协同流程，从协同动因、协同引擎、协同评估这一动态分析链窥视国内外高职基于治理的主流范式和经验教训。在案例分析的基础上，本书提出了建构多元主体关系结构模式的逻辑框架，设计了高职院校协同治理运作模式，从SFIC理论中的领导能力、制度设计出发，建构了高职院校三维主体交互关系结构和内外部协同治理范式。

第3章　系统环境：高职教育治理模式的条件考察

想了解当代社会结构中的动态变化，则必须洞察它的长期发展。从这个意义上讲，回溯高等职业教育制度变迁的逻辑起点意义重大。纵观中国高职教育发展与治理历程，职业教育自清末民初孕生至今，在治理范式上一直徘徊于本土与移植、集权与分权、传统与变革、固守与创新、计划与市场等多重“二元冲突”①之间踯躅不前。而当代高等职业教育治理体系根植于漫长的职业教育发展与演进脉络之中，从发展视域中审视近现代中国高等职业教育治理模式的制度环境变迁，从中窥探发展规律与把握不同时代脉络中的治理脉搏，对于探讨当代中国高等职业教育治理模式的构建动因具有十分重要的意义。

3.1　外部系统环境：高职教育管理体制的历史沿革

3.1.1　时间序列：高职教育管理体制的发展

教育决策首先是一种政治行为，包括法律法规、各项教育政策以及对教育重大问题的决定。②基于国家重大历史时期的不同阶段和重大教育管理文件出台，划分五个历史区间：1949年以前，1949年至1978年、1979年至1985年、1986年至1988年、1999年至今。以政府的正式法律、法规和文件为线索，探讨近现代中国高等职业教育治理模式的推进与变迁。

①李枭鹰,唐德海．中国大学治理的“三元文化”冲突论纲[J]．高校教育管理,2018,12(01):84—91.
②王晓辉．关于教育决策的思考[J]．北京大学教育评论,2003(04):78—83.

1. 1949以前的中国高等职业教育管理体制

（1）早期实业教育概念引入与实业学堂的办学想象

自鸦片战争之后，中国社会经济结构发生了巨大变化，资本主义经济发展范式和生产模式随着西方洋枪巨炮渗入中华大地。西方侵略者不断在中国沿海地区广设工厂、设立银行，洋货也随之开始入侵中国本土市场，导致了中国城市手工业不断走向衰败，中国本土的农业也逐步走上商业化的道路。1860年代开始，洋务派通过官商共同举办、官方监督工商举办与政府举办等多种模式建立起中国近代民用工业的雏形，中国近代资本主义工业发展模式由此产生。

正是在这样的时代背景下，培育技术人才的新式学堂在中国大地开始蓬勃发展，而鉴于当时社会对人才类型的需求情况，军事工业类型的人才成为新式学堂的培养重点，但也有少量学堂以培育“工、农、商、矿”领域人才为办学重点，虽然据资料记载，19世纪60年代以培养技术人才为重点的新式学堂仅有四十余所，总量偏少，但此乃中国现当代职业教育体系发展的重要基础[①]。

我国在实业教育发展的萌芽阶段，西方传教士对西方国家教育体制的介绍给国人发展实业教育以极大的启发。最具代表性的传教士花之安，在1873年到1874年间就曾发表三篇介绍西方资本主义发达国家教育体制的文章：《西国书院》[②]《西国学校论略》[③]《德国学校论略》[④]。这三篇文章介绍了西方国家举办实业教育的具体措施和管理体制，如技艺院、农政院等学院的办学情况[⑤]。得益于以花之安为代表的传教士对于西方实业教育办学情况的引介，孕育了近代中国举办实业教育的概念。这一时期，实业教育的范畴不仅包括上述的“农工商矿”等领域，还包括了“铁路、医疗、蚕桑”等与国计民生息息相关的经济建设领域。为了培育上述领域的技术人才，实业学堂也应运而生。实业教育的概念分析发端于英文中的“industrial education”，本质上是工业教育，即重点在于为工业建设培养专门人才。从早期实业教育的发展路径上看，借鉴与移植西方国家工业教育发展经验乃其关键发展范式。洋务派秉持“制洋器，采西学”之思想，全力主张在经济、政治、军事、文化与教育等不同领域施行全方位变革，而学习西方模式举办实业教育成为洋务派人士共同的价值取向。

①白汉刚,苏敏. 中国职业教育体系的演化历程[J]. 中国职业技术教育,2012(18):60—66.

②顾建新. 我国明清时期教育翻译的发展脉络及特点[J]. 浙江师范大学学报,2005(03):51—55.

③王冬青. 重塑“心智”:维多利亚时期英国的教育改革与来华西人眼中的儒家教育[J]. 外国文学评论,2017(02):44—63.

④肖朗. 从传教士看西方高等教育的导入[J]. 高等教育研究,2000(05):87—91.

⑤谢长法. 中国职业教育史[M]. 山西教育出版社,2011:2.

（2）实业教育制度的确立与实业学校教育发展

甲午战争之后到1904年“癸卯学制”颁布前，中国赴日开展教育考察交流十分频繁，据资料记载，在1898年到1911年，共计有1195人之多①，赴日考察的人员不仅包括朝廷官员，还有关注教育事业的文人、学者、留学生等群体。在这一时期，大量的考察教育学务游记产生，日本的实业教育办学模式和实业教育制度也随之被引入中国，如姚锡光的《东瀛学校举概》②就有较大篇幅介绍日本职业学校的办学和专业设置情况，详细介绍文、法、理、工、农、医六科的设置目的、学习年限、核心课程等，并在各类专门学校的详尽介绍之后均附加“案”语，记录作者对日本不同领域专门学校办学的观察体悟和对中国开展实业教育的办学建议。③

1902年1月，在较长时期的酝酿下，满受期待的壬寅学制瓜熟蒂落，首次详尽地对各级各类学堂的办学目标、办学性质、办学年限、入学条件和课程设置等进行规定。从整体教育体系上，该学制以普通教育为核心主体，辅以实业教育、师范教育两个体系。壬寅学制中，实业教育体系实质上附着于普通教育体系中，设立初、中、高三个等级的实业教育。然而，壬寅学制对于实业教育体系的规定甚为简陋，不仅没有独立的章程，也没有清晰的实业学堂设立总则和办学目标，而在实业教育的治理层面也缺乏对实业学堂师资培育、学堂内部事务管理和考核形式的规定，整体政策条款倾向于一种方向性引导，没有操作层面的细化规定，因此，壬寅学制虽然经清廷正式颁布，最终却未能真正施行。

1904年1月，经历七次修改的“癸卯学制”（又称《奏定学堂章程》）终获清廷通过，认为该学制“立法尚属周备”④，允许全面推行。从癸卯学制关于实业教育的政策条款上看，其内容比重、条款覆盖范畴、可执行性均较之“壬寅学制”有大幅的提升。在内容上，癸卯学制涵括了多个实业学堂章程⑤等多层面章程，大大提高了实业教育的地位；在条款覆盖范畴上，癸卯学制几乎涵盖举办实业教育的各个层面。

随着“癸卯学制”的全面实施，全国广设实业学堂，真正形成了初、中、高三层级的实业学堂系统。而在规模上，实业学堂在癸卯学制颁布后的四五年间数

①谢长法. 中国职业教育史[M]. 山西教育出版社,2011:20.

②舒习龙. 姚锡光的教育考察与教育思想刍论[J]. 西华大学学报(哲学社会科学版),2011,30(03): 97—101.

③谢长法. 职业教育的渊源:实业教育的引入与倡导[J]. 职业技术教育,2010,31(09):75—77.

④李静蓉. 清末高等教育法研究[J]. 理工高教研究,2004(06):7—9.

⑤杨金土. 20世纪我国高职发展历程回顾[J]. 中国职业技术教育,2017(09):5—17.

量大幅增加，特别是1907至1909年间，实业学堂规模的壮大速度尤为迅猛。1907年，全国共有实业学堂总数137所，学生规模为8693人；1908年全国实业学堂数为189所，学生规模为13616人；到了1909年，全国实业学堂总数达到254所，学生数攀升到16649人，详见下表3-1。

表3-1：1907至1909年间全国实业学堂情况表①

年份	实业学堂数	学生数	本国教员数	外籍教员数
1907	137	8693	1178	122
1908	189	13616	1961	214
1909	254	16649	2480	230

“癸卯学制”颁布实施后，由于新增了许多实业学堂，当下的教育治理模式已经无法适应新学堂治理的需求，各界广泛呼吁成立新的教育行政机构，以推展新学堂的建立与管理事宜，实业教育行政治理机构正是基于这样的时代背景正式成立。1905年，清廷设立“学部”，统管全国教育事务，学部下设“总务、专门、普通、实业、会计”②五个机构。其中，为了适应时下实业教育发展需求而设置的“实业司”，主要负责掌管学堂设立、课程设置、学堂管理、教职员聘任与管理等方面内容。

从1907年三类学堂规模数据的横向比较上看，当年全国共有学堂数量为3.7888万所，学生规模为101.3572万名，其中普通学堂总数达到3.5028万所，学生总数为83.7153万名；师范学堂总数为541所，学生规模为3.6091万所；而实业学堂则仅有137所，学生数也仅有8693名。③从数量上看，实业学堂数量仅仅占全国学堂数的0.36%，发展规模与同时期的普通学堂和师范学堂无法同日而语。此外，在实业教育治理上，由于社会缺乏实业师资的储备，学科设置也是在边办学边探索中前行，教学设备更是无法满足实业教育所需，也为教育行政管理部门带来极大的挑战，办好实业教育在实践上可谓举步维艰。但是，不可否认，“癸卯学制”为中国实业教育发展带来了崭新的春天，实业教育由于有了政策与制度保障，方得以在中华大地上生根发芽，奠定了近现代中国职业教育之根基。

（3）国民政府时期的职业教育发展

1912年，南京中华民国临时政府宣布成立，为推动民族实业的振兴与发展，

①葛孝亿．中国近代早期职业教育的命运——以清末实业学堂研究为例[J]．职教论坛,2010(31):93—96.

②谢长法．中国职业教育史[M]．山西教育出版社:2011:55.

③璩鑫圭,童富勇,张守智．中国近代教育史资料汇编(实业教育、师范教育)[M]．上海教育出版社,1994.

南京临时政府颁发了《学校系统令》，对专门学校的办学宗旨和发展方向予以明确。《学校系统令》规定，专门学校以传授“高等学术”、培育“专门人才”为办学宗旨。[①]自此之后，初具当代高等职业教育雏形的专门学校系统具有了清晰的人才培养目标，且在分科上也较之以往更趋多元，分别设置了“法政、医学、药学、农业、工业、商业、美术、音乐、商船、外国语”[②]等十类学科类型，其人才培养的服务亦是面向各个产业，旨在为产业发展输送专门人才，具有较强的行业针对性。

1912—1913年，民国临时政府不断加强对于举办实业教育的探索，两年间发布了多项教育法规政令，除了上述的《学校系统令》，还有《教育宗旨令》(1912)、《专门学校令》(1912)、《公私立专门学校章程》(1912)、《实业学校令》(1913)和《实业学校章程》(1913)等多项关于实业教育发展的政策法规，而这些政策也构成了这一时期政府治理职业教育的政策工具体系。需特别强调的是，这一时期的教育体系除了延续“癸卯学制”时期确立的普通教育系统、师范教育系统和实业教育系统并存的教育格局，还在实业教育的形式和学校类型上有所创新，如教育形式上，实业学校分为甲、乙两种学校形态，并从高等实业教育阶段开始进行分化与收缩，改变以往的初、中、高级实业学校的设置模式，高等实业学校改制成为专门学校；在学校分科类型上，则有农、工、商和商船四种类型。

由于当时政府对于实业学校的探索与改制，专门学校和校生规模增幅十分明显。1912年，全国共有专门学校数达到111所，学生规模达39633人，占整个高等学校教育体系学生规模的98.8%。[③]在其后的四五年间，随着普通高等学校规模的扩大，专门学校机构数不增反减，到1916年仅为76所，但专门学校学生规模依然在高等教育体系中占大多数。

1922年，为了修正《学校系统令》实施过程存在的各类问题，由当时的全国教育会联合会负责召集教育界人员对该学制存在的问题进行剖析与检讨，并于联合会的第八届年会审议通过了《学校系统改革案》，同年11月，该方案获北洋政府采纳并通过，史称“壬戌学制”，也被称之为“新学制”。至此，中国近代职业教育历经实业界和教育界人士的广泛关注与持续努力，已经逐步形成相对完整的职业教育政策法规体系，也真正意义上取得了学制上的法律地位。

①李均．民国时期专科教育探略[J]．吉林教育科学,1999(03):3—5.

②宗树兴,周文佳．民初高等专门学校向专科学校的嬗变[J]．河北师范大学学报(教育科学版),2014,16(04):84—88.

③杨金土．20世纪我国高职发展历程回顾[J]．中国职业技术教育,2017(09):5—17.

在《学校系统改革案》颁布实施之后，国民政府为了稳定统治力量的需求，高度重视通过立法手段强化对职业教育的治理，从1927年到1940年间，陆续颁布了《专科学校组织法》(1929年7月)、《专科学校规程》(1929年8月)、《职业学校法》(1932年12月)、《职业补习学校规程》(1933年9月)、《职业学校规程》(1947年4月)等职业教育政策法规。其中，影响最为深远的为1932年12月颁布的《职业学校法》，该法共有17条，从法律条款内容上看，涵括了职业学校的办学宗旨和办学方针、教育层次、学校的设立原则、学生修业年限和学杂费、校长及教员资格条件、隶属关系等内容，各章节逻辑相对比较紧密，内容也比较集中。学界将《职业学校法》的颁布实施视为中国近现代职业教育发展历程中的一座里程碑。①

从清末到新中国成立的半个多世纪的发展历程中，中国职业教育的发展也是历经风霜洗礼，从最初传教士的概念引入到移植欧美和日本职业教育办学经验再到通过不同层次的政策法规建构现代中国职业教育的办学和治理体系，一路发展伴随着内忧外患。由于中国职业教育存在底子薄弱、理念落后、起步缓慢等不利因素，职业教育体系虽然正式取得法理地位，但是离适应社会经济发展需求还有较大距离，还无法满足当时广大人民接受教育的需求。因此，一路发展、一路变革，职业教育体系也始终处于适应与调试的过程中。

2. 1949—1978年中国高等职业教育管理体制

1949年，中华人民共和国成立后，百废待兴，振兴工业与农业成为国家发展的第一要务。为了推动工农业发展，急需大量具有技术能力和管理能力的人才，因此，政府开始重视发展专科阶段教育。1950年，教育部应时局发展之需，组织召开了全国性的高等教育研究会，时任教育部副部长、党组书记的钱俊瑞同志在会上特别强调，要加大力度发展专科层次的职业教育，为国家建设和发展培育高级专门性人才，发展高等职业技术教育作为重要议程在会议上被广泛讨论。同年8月14日，国家政务院正式颁布了《专科学校暂行规程》，明确了高等职业技术教育人才培养的方向，规定专科学校重点在于培养学生掌握现代化“科学和技术”的能力，培养服务于新民主主义建设和发展的“专门建设人才”。这是新中国成立以来，首部对于高等职业教育人才培养方向进行明确规定的政策法规。规程共计24条，其中第二条规定了专科学校的办学任务，主要在于培养国家建设急需的专门技术人才，培养包括工农业、医药、财政经济干部、教师、文艺等各领

①曲铁华,苏刚. 民国时期职业教育立法特色及其启示[J]. 沈阳师范大学学报(社会科学版),2009, 33(04):1—5.

域急需的人才；规程同时赋予了“中央教育部”作为举办专科学校的法定管理机构。[①]得益于该规程的颁布实施，这一时期全国专科学校数达到了63所。[②]

然而专科层次高等职业技术教育的好景并不长久，1954年之后，由于全国上下深受苏联教育发展模式的影响，实行了现代职业教育发展历程中较大规模的院系调整和分化。由于苏联教育系统中，职业教育被定义为具有资本主义性质的教育类型，因此，苏联学校系统并未设置职业学校和专科层次学校，仅有以培养技术人员为办学目标的中等职业技术学校和以培养工人为目标的技工学校。因此，参照苏联职业教育的办学模式，中国实施职业教育的主要机构被重新定义为中专和技校两种类型，职业教育被明确定位为中等专业教育层次，并开始与高等教育系统分离，专科学校规模至此不断地萎缩与分化。职业教育结构重新调整之后，有幸得以留存的专科学校所剩无几，部分专科学校的院系并入综合型大学，部分改为中专。残存的几所专科学校主要为俄文专门学校[③]，而与职业和技术相关的专科学校则饱受打击，并在此后很长一段时间都得不到恢复与发展。

在如何引导专科学校重组的策略选择上，教育部也曾处于摇摆的状态。1953年5月，国家颁发了《关于专修科问题的决议》，提出了关于高等学校专修科的培养目标，决议将专修科定义为高等学校的组成部分，其目标在于培养高级技术员。但是该决议颁布还不到一年的时间就面临调整甚至取消的命运。1954年，高教部在对1954年工作进行总结并部署1955年工作之时指出：要根据国务院关于高等教育办学的指示，要求高等学校尽早停办专修科，从1955年就开始逐步减少专修科的招生指标。在这样的政策背景下，专科学生的规模日渐萎缩，从纵向规模上比较，专科学生占高等学校学生的比例从1952年的31%下降到1957年的10.8%，5年时间专科生占比下降了20.2%。[④]

3．1979年至1985年期间的中国高等职业教育管理体制

1978年，党的十一届三中全会顺利召开，会议确定国家的发展中心转移到经济建设上，并实行改革开放制度，由此高等职业教育迎来了全新的发展机遇。国

①人民教育报．专科学校暂行规程[J]．人民教育,1950(05):70—71.

②王根顺,王成涛．新中国成立后我国高等职业技术教育的改革与发展[J]．高等理科教育,2004(01):21—25.

③王根顺,王成涛．新中国成立后我国高等职业技术教育的改革与发展[J]．高等理科教育,2004(01):21—25.

④王根顺,王成涛．新中国成立后我国高等职业技术教育的改革与发展[J]．高等理科教育,2004(01):21—25.

家新时期经济发展建设所需的各领域专业技术人才奇缺，迫切需要有专门的学校培育国家建设所需的专门人才。基于这样的历史背景，我国高等职业教育的发展速度明显加快。

1980年，全国共有675所普通高校，招生规模为28.1万人，但当年的高中毕业生数量为616.2万人，录取率仅为4.58%，当年盛行的口号“千军万马过独木桥”可谓极其形象地描述了当时高考学习争夺高校“入场券”的激烈场景。因为当时中国高等教育资源相当匮乏，部分城市开始借助有限的资源新建条件简陋的高校，由于这类型的高校大多数是培养服务于生产一线的应用型人才，且学制相对于四年制大学更短，因此命名为职业大学。江苏省率先创办了全国第一所职业大学，1980年8月，金陵职业大学获得批准正式成立。这所学校在当时属于新的办学类型，定位是培养技术人才，在大学的行政管理上主要隶属于市政府，但学生的毕业去向不同于其他普通高等学校，国家并不包分配，且学生自行负责学费。在金陵职业大学正式成立之后，全国其他城市也相继效仿，成立了如江汉大学、合肥联合大学等一大批短期职业大学。

除了短期职业大学的兴建之外，此时期还出现了一种新型的高等职业教育办学模式，即五年制专科办学体制。20世纪80年代，全国首所试办专科班的学校是福建的“集美航海专科学校”，该校面向初中毕业生招生，学制五年，学生毕业后可获得专科学历。1984年4月，集美航海专科学校经教育部同意开始招收五年制专科生，首次招生计划60人。

此时的高等职业教育体系中，无论是短期职业大学还是五年制专科学校的试办，其规模相较于普通高等教育而言都十分有限，且在办学模式和办学路径的探索上也是不断摸着石头过河。真正影响中国高等职业教育发展方向的教育政策是1985年国家颁布的《关于教育体制改革的决定》（以下简称《决定》）。《决定》强调了当下中国高等教育领域中，本、专科教育发展失衡的现状，提出了加速高等专科层次教育的改革方向，并首次明确要求各级政府要积极扶持和发展“高等职业技术院校”。这是高等职业技术院校这一名称首次进入国家政策法规之中。但需要认识到的是，1985年颁布的《决定》实际上只是一种关于高等职业教育发展的方向性倡导，并未随之出台相应的细化配套措施，因此，接下来较长一段时间仍然是在摸索高等职业教育的办学模式。而较为典型的探索是1985年7月国家教委发布的《关于同意试办三所五年制技术专科学校的通知》，具体实践内容为依托三所中等职业技术学校现有资源举办五年制的技术类型专科学校，招生对象与集美航海专科学校一致，均面向初中毕业生招生。这样一种探索反映出专科层次学校的人才培养不能脱离应用型人才、技术型人才，培养实践对职业技术教育形成办学特色具有促进作用。

4. 1986年至1998年期间的中国高等职业教育管理体制

自1980年代中后期到1990年代中期，中国职业技术教育发展迅速，职业教育体系逐步完善。这一时期，高等职业教育发展的政策法规频繁出台，各类教育专题研讨会和年会有序开展，职业教育发展良好推进。在政策法规框架建构层面，这一时期出台了大量政策法规，涵盖范围十分广泛，既有宏观层面的方向性探讨，也有中观层面的部署规划，更有微观层面的发展措施。这一时期出台的政策主要包括《普通高等学校设置暂行条例》《国家教育委员会关于改革和发展成人教育的决定》《“燎原计划”》《关于大力发展职业技术教育的决定》《关于加强普通高等专科教育工作的意见》《中国教育改革和发展纲要》《关于推动职业大学改革和建设的几点意见》《关于成人高等学校试办高等职业教育的意见》《中华人民共和国职业教育法》《关于实施〈职业教育法〉加快发展职业教育的若干意见》《中华人民共和国高等教育法》等，为当代高等职业教育的发展谋划了清晰的路径，相关政策如表3-2所示。

表3-2：1986年至1998年期间中国高等职业教育发展相关政策简表

年度	发文机构	政策名称	重点内容
1986	国务院	普通高等学校设置暂行条例	规定了高等职业院校设置的条件
1986	国务院	国家教育委员会关于改革和发展成人教育的决定	要求职大、业余大学和管理干部学院结合行业与专业优势，试办高职教育，培养企业行业急需人才
1988	原国家教委	“燎原计划”	培养农业技术人才
1991	国务院	关于大力发展职业技术教育的决定	再次强调高等职业教育的办学定位和人才培养目标
1991	国家教委	关于加强普通高等专科教育工作的意见	提出：高等职业教育与本科教育、研究生教育均为我国高教体系中不可缺少的重要组成部分
1993	中共中央、国务院	中国教育改革和发展纲要	强调地区性的专科教育的发展方向，提出建构多层次的职业技术教育格局
1994	国家教委	关于在成都航空工业学校等十所中等专业学校试办五年制高职班的通知	探索保持高职教育的职业特性

续 表

年度	发文机构	政策名称	重点内容
1995	国家教委	关于推动职业大学改革和建设的几点意见	重申职业大学的定位与办学目标
1995	国家教委	关于成人高等学校试办高等职业教育的意见	探索成人高等学校培养生产、工作一线的高等职业人才
1996	全国人大	中华人民共和国职业教育法	确立了高等职业教育的法律地位
1998	国家教委、国家经贸委、劳动部	关于实施<职业教育法>加快发展职业教育的若干意见	探索在专科学校、职大和成人高等学校现有资源的情况下，如何办好高等职业教育
1998	全国人大	中华人民共和国高等教育法	以法律形式确认了高等职业教育属于高等教育
资料来源：研究者自行整理。			

除了频繁颁布各类政策法规外，这一时期还召开了多次重要的职教工作会议，如分别于1986、1991和1996年召开了三次全国职教工作会议。三次工作会议的规格均较高，如1986年，时任国务院副总理的李鹏同志也出席了会议并发表讲话，其讲话的重要观点为通过“高等职业教育”“高等职业学校”“广播电视大学”“高等专科学校”等专科层次学校的比较，逐步厘清高等职业教育的办学方向和范围，而“高等职业教育”这一名词也是首次在国家官方会议中予以确定并沿用至今。在同年颁布的《普通高等学校设置暂行条例》中，明确了高等专科学校、高等职业学校在办学层次上归属于高等学校体系。

这一时期，对于高等职业教育发展影响最为深远的教育政策法规是1996年颁布的《中华人民共和国职业教育法》，该法在当代中国职业教育发展史上首次明确了高等职业教育在国家教育法令中的地位、体系、实施和保障条件，[①]确定了高等职业教育的实施主体为高等职业学校和高等学校。此外职教法的颁布与实施也标志着中国当代高等职业教育发展开始走上法制化与规范化的轨道，职业教育法规框架建立并逐步完善。

1998年，《中华人民共和国高等教育法》颁布，提出实施高等教育的机构范围包括大学、独立学院、高等职业学校和成人高校等，明确了高等职业教育的高等属性，即本质上高等职业教育属于国家高等教育的组成部分。

从上述政策法规的颁布实施以及全国性职业教育专题会议的召开可以看出，20世纪80年代中后期到90年代中期，中央政府与地方政府对于推进高等职业教育

① 黄茂勇. 《职业教育法》修订与校企合作法规体系构建策略——基于职业教育校企合作的法理困境分析[J]. 教育评论，2017(08):56-60.

的发展与推动职业教育法制化均表现出主动且积极的态度。[①]在不断探索中逐步摸清当代中国高等职业教育的发展路径，也标志着高等职业教育的发展在此阶段取得了不俗成就。1998年，全国高等职业院校数已经达到101所，当年的招生规模也达6.28万人，在校生数量为14.86万名；而1985年，高等职业院校的招生规模仅有3.01万，在校生数量也仅为6.31万，将招生规模和在校生规模两个数字进行比较得出，1985年到1998年间招生规模和在校生规模分别增长了52%和58%。[②]

5．1999年至今的中国高等职业教育管理体制

高等职业教育真正迎来发展的春天还是21世纪中国施行高等教育扩招政策之后。世纪之交，教育部联合国家计委出台了《试行按新的管理模式和运行机制举办高等职业技术教育的实施意见》(1999年1月)(以下简称《意见》)，建构了高等职业教育主办机构的多元化体系。《意见》中明确指出，除短期职业大学、普通专科学校、职业技术学院、民办高等学校外，本科院校下设的高职教育机构也具有进行高等职业教育的合法资格。从《意见》的颁布可以看出，政府全面整合了现有资源，盘活了各种办学机构的活力，建构了21世纪高等职业教育主办机构的多元格局，也为后续高等职业教育扩招拓展了政策法规空间，并提供了合法依据。《意见》的第二部分详细介绍了21世纪中国高等教育行政治理的总体框架以及实行中央宏观政策指导、省级政府履行实质管理职能、高职院校按规合法管理的高等职业教育治理格局，这是新中国成立以来首部对高等职业教育的治理体系和各级别治理主体间的关系结构进行清晰且详尽描述的国家政策，这一治理结构的建立基本确定了今后中国高等职业教育的治理范式。此外，《意见》也强调了要推动高等职业教育朝向良性方向发展，保障办学本质上的高等职业技术特质，特别强调了要通过确立全新的职教治理范式和运行机制，全力维护高职教育的声誉。[③]然而，《意见》中关于高等职业院校毕业生待遇的描述，被后续学者称之为“三不一高”，在普通高等学校都未普遍推行的情况下，先行以高等职业院校毕业生为试验田，从而导致刚刚茁壮成长的高等职业教育蒙受“另类高等教育”的大众印象。[④]部分学者认为，《意见》中相关规定条款实则与维护高等职业教育形象的初衷相违背，反而造成了社会大众对于高等职业教育的负面认知。

①黄茂勇．《职业教育法》修订与校企合作法规体系构建策略——基于职业教育校企合作的法理困境分析[J]．教育评论,2017(08):56—60.

②陈久奎．中国职业教育立法的百年历程及反思[J]．现代教育管理,2014(10):63—69.

③陈宝华．我国高等职业教育发展历程中的政策法规建设[J]．职业教育研究,2005(04):127—128.

④杨金土．20世纪我国高职发展历程回顾[J]．职教论坛,2017(13):49.

不断释放高等职业教育治理权是这一时期高职教育治理体系中最为明显的调整方案。全国第三次教育工作会议于1999年6月召开，会议围绕如何发展当代中国高等职业教育这一主题展开，确定了将转变管理模式及下放管理权限作为推动高职教育良好发展的重要手段。明确地将高职教育的院校设置权限、专业设置审批权限和招生权限下放至省一级的教育行政管理部门。同年，《面向21世纪教育振兴行动计划》发布，高职教育快速发展的制度基础进一步加强，并提出一系列的发展举措。

1999年以来，高等职业教育发展已经步入法制化与规范化轨道，各个层级政策的颁布实施颇具灵活性，无论是中央政府还是地方政府，都能随时保持对高等职业教育发展状况的敏感性，及时整治高等职业教育治理过程中存在的问题，并提出解决策略。1999年以来颁布的较有代表性的政策法规有《面向21世纪教育振兴行动计划》《教育部关于加强高职高专教育人才培养工作的意见》《关于加强五年制高等职业教育管理工作的通知》《高等职业学校设置标准（暂行）》及同时期的《关于大力发展职业教育的决定》《国家中长期教育改革和发展规划纲要（2010—2020年）》《现代职业教育体系建设规划（2014—2020年）》《高等职业教育创新发展行动计划（2015—2018年）》《职业院校管理水平提升行动计划（2015—2018年）》等，高等职业教育发展的相关政策整理如表3-3。

表3-3：1999年至今中国高等职业教育发展相关政策简表

年度	发文机构	政策名称	重点内容
1999	教育部、国家发展计划委员会	试行按新的管理模式和运行机制举办高等职业技术教育的实施意见	确定了高等职业教育新的管理模式，确立了多元主体机构举办高职教育的发展思路
1999	教育部	面向21世纪教育振兴行动计划	强调发展高职教育的决心，提出一系列新的发展高职教育的举措
1999	全国高等专科教育人才培养工作委员会	关于加强高职高专教育人才培养工作的意见	推动全国高等职业院校人才培养工作的规范化，提升教学管理质量
1999	国务院	中共中央国务院关于深化教育改革全面推进素质教育的决定	明确新时期高等职业教育人才培养的目标
1999	教育部	教育部关于加强高职高专教育人才培养工作的意见	明确高职高专教育人才培养目标和方式
2000	教育部	关于加强五年制高等职业教育管理工作的通知	重申高等职业教育的高等教育属性，提出加强中专与高职教育的紧密联系

续　表

年度	发文机构	政策名称	重点内容
2000	教育部	高等职业学校设置标准（暂行）	对高等职业院校的办学软硬条件提出明确要求，特别提出了新时期高职院校内部的治理模式：校—系二级领导的配备要求
2002	国务院	关于大力发展职业教育的决定	强调高等职业教育的发展要紧密结合市场需求，建构结构合理的现代职教体系
2005	国务院	关于大力发展职业教育的决定	再次强调职业教育发展要与市场需求紧密结合，突出高等职业教育的就业导向
2010	国家中长期教育改革和发展规划纲要工作小组办公室	国家中长期教育改革和发展规划纲要（2010—2020年）	提出了现代职业教育体系的建设方向与具体实施策略
2014	教育部等六部门	现代职业教育体系建设规划（2014—2020年）	加速现代高等职业教育发展，建设现代高等职业教育体系的战略部署
2014	国务院	关于加快发展现代职业教育的决定	对新时期职教发展现状进行全面检查与剖析，建构下一阶段职教发展路径
2015	教育部	高等职业教育创新发展行动计划（2015—2018年）	进行职业教育执法情况检查，推动高等职业教育走创新发展之路
2015	教育部	职业院校管理水平提升行动计划（2015—2018年）	提升高等职业院校管理工作成效，提高高职院校治理能力
2016	教育部	高等职业学校专业教学标准	对专业设置和专业划分进行调整
2016	中共中央	关于深化人才发展体制机制改革的意见	提出企业和职业院校应当成为职业教育办学的“双主体”
2017	国务院	关于深化产教融合的若干意见	逐步形成校企深度合作“双主体”办学局面
2017	教育部、国务院扶贫办	贯彻落实《职业教育东西协作行动计划（2016—2020年）》实施方案	建构高等职业教育扶贫工作机制

资料来源：研究者自行整理。

从上述政策的价值取向上分析，1999年后中国高等职业教育发展的基本思路围绕以下三个层面展开：

一是不断扩大高等职业教育的办学规模，增加高职教育入学机会。通过提升高等职业教育发展规模，满足民众日益增长的高等教育需求，为社会经济发展培养各领域急需的高端技术技能人才。扩大发展规模的政策实践在2005—2007年的高等职业院校招生实际过程中体现得淋漓尽致，连续三年职业学校的招生规模在原有基础上增加了100万名学生，[①]高职、中职均大幅扩招，并形成了“两个一半”的教育格局，即高、中职院校在校生规模分别占高中、高等教育阶段在校生规模的一半，高等职业教育规模逐步与普通本科教育平分秋色，成为高等教育体系中缺一不可的办学主体力量。

二是从规模发展模式转向质量与特色发展模式。中国高等职业教育历经21世纪初期的大规模扩张，无论高职院校数量或是高职学生规模均取得瞩目的成就。然而，从2005年以后，关于提升高等职业教育办学质量、满足市场与就业双向需求的呼声不绝于耳。规模扩张时期，高职院校发展存在诸多问题，如院校之间的特色无法彰显，各学校专业设置重合或雷同的现象比比皆是；对于高职院校办学模式的研究不够深入，高等职业教育办学实践过程中，多数高职院校仍然采取传统的学术型本科院校的教学模式；未能建构符合高职教育特色的实践教学体系，职业院校教学理念、教学模式与教学过程十分陈旧，无法满足日新月异的市场变化的需求，所培养的人才与市场就业岗位也未能良好匹配等诸多问题。上述问题一直困扰着中国高等教育行政管理部门、高职院校管理者和高职教育研究者，各界纷纷撰文呼吁高职院校重新建构符合时代需求的高职教育人才培养体系，确立新的人才培养目标，采取全新的实践教学模式，专业与课程设置紧密结合区域产业格局和社会经济发展实际情况等新的高等职业教育办学理念。2009年以后，上述职教办学思路逐步为学界和高等职业院校场域所接纳，并在实际办学行为中深入实践。在国家政策层面，《国家中长期教育改革和发展规划纲要(2010—2020年)》《现代职业教育体系建设规划(2014—2020年)》《关于加快发展现代职业教育的决定(2014年颁布)》《高等职业教育创新发展行动计划(2015—2018年)》等政策均旨在重塑当代中国高等职业教育建设的框架，以扭转规模发展时期存在的突出问题，建构质量与特色并存的高等职业教育体系。

三是职业院校的内部治理被视为实现高职教育办学目标的核心路径。在高等职业教育开始步入规模发展时代之始，职业院校治理问题就受到国家教育主管

①和震. 我国职业教育政策三十年回顾[J]. 教育发展研究,2009,29(03):32—37.

部门的重视，如教育部联合国家发展计划委员会颁布的《试行按新的管理模式和运行机制举办高等职业技术教育的实施意见》就专门规定了新时期中国高等职业教育的治理模式。到2015年，教育部颁布了《职业院校管理水平提升行动计划(2015—2018年)》(以下简称《计划》)，为建立“规范化、科学化、精细化”的现代高等职业院校治理能力体系而从国家层面出台相应计划以保障治理目标的达成。2015年《计划》主要围绕治理、制度、质量等多个层面建构当代高等职业院校内部治理结构，为高职院校管理者提升内部治理能力提供了发展方向，也为治理主体队伍成员能力的提高提供了有效的策略和路径。总体而言，该《计划》充分认识到当前高等职业院校内部治理过程中存在治理主体能力不足及长期仰赖国家政策指导、未能建立起有效的治理范式等问题。

3.1.2 制度结构：高职教育管理体制的变化

在历史制度主义者看来，制度选择和制度结构对制度环境十分依赖。通过分析政府法规政策的变迁发现，制度结构受到包括制度环境、政治过程中各行为主体利益分配的影响。教育作为上层建筑，是国家宏观制度的基本体现。高等职业教育制度研究属于公共管理研究的范畴，表现为政府权力授予及分权活动。通过梳理高职教育治理制度的变迁，可以看出政治、经济、社会等环境对于教育治理的巨大影响。

1840年鸦片战争以后，中国的社会经济结构发生了巨大变化，中国传统小农经济不断走向衰败，资本主义经济发展模式和生产方式随着洋枪巨炮渗入中国大地。与此同时，掀起了一股“实业救国”的思潮，但发展实业的实践受到专业型人才缺乏的制约。在此情况下，职业教育开始萌芽并逐步发展。1904年清政府颁布了《奏定学堂章程》，实业教育开始走上制度化、规范化的道路。民国时期，政府颁布了《学校系统令》《实业学校令》等教育法规，逐步形成了相对完整的职业教育政策法规体系，建构了初步的职业教育体系。在清末到国民政府时期，政府在实业教育上具有绝对的权威，政府的教育治理话语权凌驾于学校和社会需求之上，教育的主要目的在于维护统治，而非满足多元化的民众需求。

新中国成立后，逐步建立了新的职业教育体系，高度集中的计划经济体制深刻影响了高等职业教育治理结构。1950年政务院颁布了《关于高等学校领导关系的决定》，规定教育部领导全国高等教育工作，高等教育管理由教育部统筹。高等教育的政策与制度等以及高等院校人事任免，都由教育部负责。1952年，随着全面学习苏联的开始，中央集权的模式占主要地位。在政府集中领导的高等教育管理体制下，高等职业教育治理机构也成为国家部门中的一员。职业学校的诸多事务均需要获得教育行政部门的批准，学校的外部资源配置由政府管理，学校缺乏独立自主地支配和使用外部资源的权力与改革创新的驱动力。在这种情况下，高等教育治理中政府过多干预、社会力量参与职业教育程度过低等问题逐步显现。

改革开放以来，国家将工作重心转移到经济发展上来，各行各业专业技术人才的缺乏迫切需要职业教育来补齐，高等职业教育迎来了全新的发展机遇。政府重新审视自身在职业教育中的定位，采取了简政放权的治理路径，逐步改变过去计划经济时代过度集权的旧体制，高校具有了更大的独立自主权，建立了与社会其他主体的互动机制。高等职业教育治理结构也愈加规范化、法制化，尤其是1986《职业教育法》的颁布实施，确立了高等职业教育作为高等教育层次的法律地位，多元社会主体参与高等职业教育治理被合法化，产教融合等现代职业教育理念逐步推行。

3.1.3　制度变迁：高职教育管理体制的路径

路径依赖是指人们过去的选择决定了他们现在可能的选择，在制度变迁过程中，常常出现固化状态，在相当长一段时间内，制度难以改变。制度的执行依然沿袭传统习惯，在变化环境中依然使用旧制度。由于长期以来自上而下的体制因素，高等职业教育制度的变迁历程中也存在着明显的路径依赖现象，可以从三个方面加以分析。

一是学习效应。清末到国民政府时期，职业教育基本上延续了中国传统教育治理上的“政府—学校”二级治理结构模式。从国家宏观政策到学校层面的微观治理，均围绕政府的指令执行，政府既是教育治理中的绝对主体，也是唯一主体，政府的绝对权威与学校话语权的式微在治理过程中形成“强政府”与“弱学校”的治理主体关系模式。新中国成立之初，对带有计划经济色彩的集权主义式苏联模式的初始选择，使得一直以来在学校治理中由政府主导的行政化路径得到延续和强化，职业教育也迅速被锁定在行政化的路径依赖之中，政府强化了对职业教育办学方向的引导和控制。目前高等教育改革发展中，党委领导、校长治校、民主管理等机制仍然是改革的主要方向，这充分体现了路径依赖所带来的惯性力量。

二是协同效应。在我国职业教育发展历史中，制度变迁的主题不断调整和增加主体。为了适应政治经济需求，中央政府出台了高等教育政策、职业教育法规和制度，但由于中央政策往往是纲领性政策多，更倾向于一种方向性的引导，故也要考虑与其他地方政府的行为一致性问题。行政主导的学校主体存在的上述问题主要体现在两个方面：一方面在高度集权的体制下缺乏外部资源支持，学校在外部制度创新中显得无能为力；另一方面在内部治理中，由于学术权力、民主管理权力不足，使得制度革新缺乏内生动力。

三是适应性预期。制度框架随着制度体系相对固定下来，随着社会发展，制度在环境变化中受到旧制度的影响。由于还有利益主体受益，会保留这种制度较长时间。从清末到国民政府时期，政府指令式的职业教育管理模式得以发展，新中国成立后，国家统一管理的治理政策调整，以及阶段性失控导致的混乱无序局面的失败教训，使我们认识到制度变革可能带来的风险，从而使得制度创新主体对既有政策产生政策依赖和适应性预期。虽然仍有一些制度改革的探索，但政府、学校和社会在制度变革的探索中也大都遵循着“摸着石头过河”的渐进逻辑。

3.2　内部系统环境：高职院校内部治理效能剖析

美国学者罗伯特·伯恩鲍姆研究大学管理时提出对于大学管理的几个思考问题：各种不同类型的大学管理结构有什么差异？国家各级政府机构对大学活动的指导有什么不同？大学管理结构中各利益主体职责和权力如何[①]？

高职教育治理通常划分为外部治理与内部治理，其治理结构也可以划分为外部治理结构和内部治理结构，从结构上明确了高职教育内外部相关治理主体之间的权力运行的配置情况。治理结构呈现了利益构成的关系结构，是利益相关者或者权力构成的配置结果。高职教育由省域地方政府主管，地方大学特色突出。

①罗伯特·伯恩鲍姆．大学运行模式[M]．别敦荣，等译．青岛:中国海洋大学出版社,2003.

3.2.1 正式治理结构：传统高校管理体制转型缓慢

地方大学管理模式一直以来受制度约束影响，在社会环境的变化中，还没有发生实证性改变。在办学模式上，政府政策的影响较显著，在一定程度上忽视了地方经济社会发展的实际需求，也缺少自身的发展特色。上述问题的存在具体表现为两个方面：一方面，为满足人们对高等教育的需要而不断扩大办学规模，结合评估要求，地方大学多数会向综合性大学发展，但是，地方政府对于大学的政策指导和资金等资源配置不能满足学校发展需要；另一方面，在为地方经济社会发展的服务方面，与国家科研服务成果认定形式有差距，难以得到地方市场反馈。

地方大学自身调整不足主要体现在两个方面：一是地方大学人权和事权不一致。然而一些地方大学仍存在人权和事权分离，完全依赖地方政府组织部门确立学校管理者和教育部门进行建设管理，参与主体不多，协调机制不强。二是地方大学办学经费没有固定保障，更缺乏制度支持。多数地方大学的办学经费只有基础建设部分，缺乏内涵建设及专业发展专项支持，加之地方财政管理模式与大学管理现实不能契合，尤其是对于科研服务方面的资金管理，不能形成有效支持。

地方大学在政府管理体系中，没有独立的管理权限，缺乏资源调度能力。一方面，地方政府在处理政府与大学之间的关系时，缺乏应有的服务能力和专业职能，在人、财、物的资源管理上存在明显的认识偏差，地方大学的管理者需要尽力协调学校与属地政府分散的各个管理部门；另一方面，地方大学的办学能力和社会影响力受区域限制，难以实现地方政府对地方大学的智力支持和技术服务，限制了地方社会、市场对地方大学的资源流动。

在宏观层面上，我国高等教育现有的制度设计存在政策供给缺陷，制约大学治理改革进程，如在高等教育法中，地方政府对职业教育责任的描述模糊，地方政府难以实现责任的明确落实，还有在不少条款中留有授权性的规定，在现实中就更加难以指导实际。

在微观层面上，地方大学的内部治理结构亟待调整。传统高校管理体制依附于地方政府行政管理模式，侧重地方大学的行政职能和部门意识，各方面服从于行政管理体系，丧失独立经营与管理的权力和意识，难以在现有制度体系下有所作为。

3.2.2　非正式治理结构：高职院校利益相关者权力不均衡

1984年，弗里曼在《战略管理：利益相关者方法》中提出，利益相关者是能够影响一个组织目标的实现，或者是受到一个组织实现其目标过程影响的所有个体和群体。[①]利益的含义是具有一定利益投入的相关者。因此，地方大学的利益相关者，就是对于大学有一定形式投入的相关组织或者个人，大学就是一个利益相关者组织。[②]

在地方大学治理的过程中，地方政府、社会和学校是三个重要的角色，其中，地方政府是各种资源的占有者和调配者，提供直接的资源配置和间接的制度支持；社会组织包括经营性的行业企业和非经营性的社会机构，它们是地方大学的资源收入和受益的直接或间接影响人；学校是执行主体，具有主观能动性。现行的高职教育与利益相关者之间是“一元”的互动关系，如表3-4所示。

表3-4：高职与利益相关者“一元”关系[③]

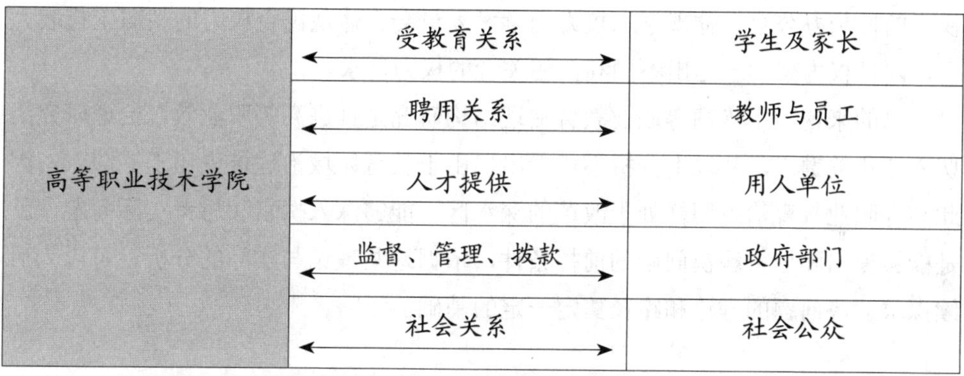

高等职业技术学院	受教育关系 ←→	学生及家长
	聘用关系 ←→	教师与员工
	人才提供 ←→	用人单位
	监督、管理、拨款 ←→	政府部门
	社会关系 ←→	社会公众

罗索夫斯基在《美国校园文化》一书中，根据不同群体与大学关系的稀疏将治理结构分为四个层次。[④]借鉴罗索夫斯基关于大学的利益相关者分析，有助于进行地方大学的利益相关者权力分析，构建地方大学各主体的权力运行和治理结构。我国的地方大学由地方政府管理，人、财、物等资源配置由地方协调调配。[⑤]

现实中，地方大学的利益相关者有着各自不同的利益诉求，如政府希望大学能够进行政治意愿传播、创新社会发展、提高公民文化素质；以企业为代表的社

①杨瑞龙,周业安．企业的利益相关者理论及其应用[M]．北京:经济科学出版社,2000.

②李福华．利益相关者理论与大学管理体制创新[J]．教育研究,2007(07):36—39.

③刘晓．利益相关者参与下的高等职业教育办学模式改革研究[M]．浙江大学出版社,2015:57.

④亨利·罗索夫斯基．美国校园文化[M]．谢宗仙、周灵芝、马宝兰,译．山东人民出版社,1996.

⑤胡赤弟．高等教育中的利益相关者分析[J]．教育研究,2005(03):38—46.

会组织希望大学为社会经济服务、培养企业人才、创新技术服务；学校希望激发老师的智力能力、获得专业认可、提升社会信用；学生希望获得知识、能力，为将来走进社会获得更多持续性的支持；[①]校友希望通过大学的发展，提高大学延伸效应带来的精神回报，并扩大其社会影响；社会公众希望地方大学实现地方高等教育的公正与公平，为公众提供更多的接受高等教育的机会。[②]高职院校肩负着很重的社会责任，受外部环境多元化的影响较明显，与普通高等院校相比，社会经济相关性更突出，市场各方主体需要寻求的利益均衡呈现出复杂多元的利益相关者，而这些利益相关者中校企合作是尤其重要的部分。[③]

行政主体权力较大，行政权力往往是大学决策和管理的核心，而学术主体参与的机会较少，高等教育的学术发展规律受到极大影响，高校的决策机制和科学治理的效率比较低。[④]在地方大学的内部治理中，以大学管理者为代表的行政人员如何行使控制权的制度安排，极大地影响了教师和学生等内部的利益相关者。[⑤]高校的内部治理权力体系，包括体现政治权力的学校党委会以及体现行政权力的校长办公会、体现学术权力的学术委员会、体现民主权力的教职工代表大会，四种权力架构表达出不同利益相关者的权力诉求。[⑥]

总的来说，中国高等职业教育治理结构研究是推进高等职业教育治理研究的切入点和关键点，从以上分析不难看出，由于教育领域治理推进还不够深入，因此高等职业教育治理同样处于改革的深水区，能够深入探索和思考实际问题，就是能够提出和分析解决问题的前提条件，依据这些理论与实际的分析，可以为后续探求解决问题的理论和路径奠定一定的基础。

---

①潘海生．作为利益相关者组织的大学治理理论分析[J]．中国地质大学学报(社会科学版),2007 (05):17—20.

②刘恩允．利益相关者视角下大学管理制度的价值转换及其实现[J]．教育发展研究,2012,32(11): 42—46.

③王淑萍．利益相关者理论视角下的高职院校治理主体研究[J]．北京政法职业学院学报,2011(04): 107—109.

④吕丹．文化转型期大学治理结构的问题与调适[J]．现代教育管理,2014(04):59—64.

⑤潘海生．作为利益相关者组织的大学治理理论分析[J]．中国地质大学学报(社会科学版),2007 (05):17—20.

⑥方强．论高职院校行政权力的优化配置:扩张与严控[J]．黑龙江高教研究,2014(07):30—33.

3.3　系统环境解析：高职教育治理模式的主体结构关系

3.3.1　初始条件结构：国家治理与教育治理的价值差异

1．中国的国家治理现代化

在“国家构建”的理论范畴中，国家治理的提出是对旧式“国家统治”的一种根本性重构。[①]治理是调和不同利益相关者利益均衡以及实现利益最大化的行动过程。[②]美国学者福山提出，国家建构的二维模型包括国家职能范围和国家制度能力，他认为现代国家制度管理比国家职能管理更加有效。[③]

国家治理提倡政府放权以及向社会授权。国家权力授予有两个方向的选择：一个是交由国际组织来协调不同国家之间的目标一致问题；另外一个是国内公共部门与非公共部门之间的协调关系。因此，国家治理就是要实现对多主体、多中心的授权治理，以及社会自我治理、社会组织与政府的平等共治。

国家治理体系和治理能力包括以下几个方面的内容：一是国家所具有的制度体系是否完善，制度体系是否能发挥治理的基础作用；二是国家制度结构是否合理，能否促进制度执行，进一步提升治理效能；三是在现有制度体系基础上，是否能够提高制度执行能力。

胡鞍钢认为国家治理现代化可以体现在以下几个方面：一是国家治理制度不断完善；二是国家治理制度结构不断优化；三是国家治理能力更加有效，并且各个方面相互协调，有机促进。[④]

国家治理现代化是一项现代化建设工程，并且具有系统性特征。建设国家治理体系的现代化，必须明确以下三个问题：一是如何实现多元共治，现代治理的核心特质就在于治理主体的多元化；二是如何开展和谐善治，“善治”可以被看作是治理的衡量标准和目标取向；三是如何实施文明法治，法治是国家治理现代化的必然选择和基本保障。[⑤]

①让-皮埃尔·戈丹．何谓治理[M]．钟震宇,译．北京:社会科学文献出版社,2010:3.

②陈振明．政策科学:公共政策分析导论[M]．北京:中国人民大学出版社,2003:260.

③弗朗西斯·福山．国家建构:21世纪国家治理与世界秩序[M]．黄胜强,许铭原,译．北京:中国社会科学出版社,2007:16—19.

④胡鞍钢．中国国家治理现代化的特征与方向[J]．国家行政学院学报,2014(03):4—10.

⑤吴汉东．国家治理现代化的三个维度:共治、善治与法治[J]．法制与社会发展,2014,20(05):14—16.

在中国传统文化中并没有直接的治理概念，一般是按照统治者“治国理政”来阐述的。治国理政既是中国传统政治文化的重要命题，也是传统政治文化的构成内容，其直接含义是统治者治理国家和处理政务。中国明确地把国家治理确立为实现国家各项变革目标的核心路径，这一清晰定位也标志着中国行政管理体制变革迈向崭新的实践阶段。因此，当务之急，为着力于建构一个健全且高效运转的制度结构体系，推进国家和社会各层面的制度不断深入与完善，从而推动国家治理朝向高效治理的新阶段发展，从治理走向善治。上述实践过程意味着党的执政理念由原来的政府自上而下的“管理”逐步转变为政府自上而下与社会自下而上相结合的多元治理。[①]

经过四十多年的改革开放，中国经济社会环境发生了巨大变化，伴随经济体制深刻变革、利益格局深刻调整、思想观念深刻变化，产生了一系列新情况和新问题。新的社会阶层不断涌现，社会中各种利益群体冲突已经形成，社会中各种不公平现象还在加剧，生态环境恶化还很突出，多种不确定、不稳定因素交织在一起，政府公信力流失较大，现存的许多体制机制成为社会发展进步的阻碍因素。与此同时政府在提供公共服务能力和社会期望之间产生的落差，促进了社会怨恨和不满的产生。新的社会阶层和职业群体有强烈的政治参与意识和参与要求，社会组织也具备政治参与的能力，都使现有制度面临严峻考验。

中国国家治理理论体现了治理理论的基本价值，在中国提出的国家治理体系中，同时包含国家治理等丰富内容，涉及治理模式构架的诸多方面。[②]中国提出的国家治理已经不是中国传统统治文化的国家统治，也不同于西方政治理论中的多中心治理，而是对中国特色社会主义制度的坚持和完善，是中国共产党领导人民实行的科学、民主、法治的国家治理。[③]

2. 中国特色的大学治理

中国大学通常是指实施高等教育的正式教育机构，主要突出的是实施本科及本科以上层次的全日制高等教育。[④]公立大学与私立大学的差异为投资主体和管理隶属关系的差别。公立大学是由各级政府提供经费的办学机构，在我国是高等教育系统的主体。一般认为大学是教育机构，属于非营利性组织，具有利益相关

①徐晓全. 从“管理”到“治理”:治国方略重大转型[N]. 学习时报,2013-11-18(003).
②许耀相. 中国特色的国家治理之路[J]. 理论探索,2014(1).
③王浦劬. 科学把握“国家治理”的含义[N]. 光明日报,2013-12-29(007).
④张澜,温松岩. “高等教育”和“大学”概念的界定与分析[J]. 辽宁高等教育研究,1995(04):67—70.

者，外部包括政府、社会、市场、公众等，内部包括学校管理者、教师、学生、校友。[①]公立大学的出资者是各级政府，政府作为公立大学所有者把经营的权力委托给校长，校长获得的就是治校自主权。

西方学者认为，大学治理是利益相关者的权力配置和组成结构。我国学者普遍将大学治理定位为一系列的制度体系，治理目标表现在大学的工具性价值、大学的办学效率。赵成认为，大学治理就是一套协调各利益相关者的关系制度框架，为实现大学目标而安排和设计的机制，即对大学各利益相关方的活动目标、原则、决策方式进行明确、对权力的分配定下规则，最终的目的是实现大学效率的整体提高。外部治理主要是处理政府、社会、市场和学校的关系；内部治理则是协调大学内部学校管理者、学术权力机构、学生、老师、校友等的关系，也就是协调与运作主体关系。

现代大学治理首先是完善治理制度体系，调整制度结构，提高制度执行效能，其次是结合外部环境影响和内部环境的适应，激励多元主体参与治理，构建治理结构模式，实践制度运行机制。

3. 高等职业教育治理的地方属性

高等职业教育是职业教育的高级阶段，是培养职业岗位所需人才、适应就业导向的教育机构。[②]高等职业教育治理结构脱胎于中国职业教育治理结构，从外部治理来看：地方政府、行业企业、社会组织，都以各种方式直接参与到高等职业教育中，如混合所有制、现代学徒制的实践探索，更加凸显了外部结构的多样性、不稳定性；从内部治理来看：制定并实施大学章程，是一个逐步完善校内政策、健全制度的治理过程。但是由教育主管部门批准的学校章程缺乏对劳动管理部门、行业企业的影响力。

地方大学治理是协调地方的多元主体，谋求地方大学的善治，其中包括政府、市场、民众等多元主体参与地方大学治理。地方高校治理主要指地方高校、区域政府、社会与市场机制的融合互动与有效谋和，在价值上高度统一，共同追求地方高校善治。从地方高校治理的外显特征上分析，其兼具区域独特性与复杂性双重特点。所谓区域独特性指地方大学治理的结构和功能与国家高等教育体系治理存在本质差异，治理模式更加复杂。究其根本原因在于高等教育系统、地方

①张维迎．大学的逻辑[M]．北京:北京大学出版社,2004:17.

②2006年11月16日,教育部颁布《教育部关于全面提高高等职业教育教学质量的若干意见》（教高〔2006〕16号）

政府系统、社会组织系统和市场机制的关系结构日益复杂多变，大学的治理方向在悄然转变，从传统计划经济时代的“边缘”趋向当代教育治理中的“中心”；大学治理体系的运行机制亦从“一枝独秀”的行政管理主体转为“多元治理”机制，区域政府、市场机制与社会力量拥有更广阔的空间参与地方高等教育系统治理。[①]在我国现行教育体系中，公办高等职业技术学院都归属所在地方的省、市、区政府投资与管理，是典型的地方大学。

高职教育发展受地方政府政策、资金、人事、土地等各项资源的影响，教育活动的执行缺乏相应的制度体系保障，不同省域的高职院校或者同一省域不同市域的高职院校在办学资源上存在巨大差异。市域高职院校一般是地方最高学府，地方政府与人民群众对其有着极高的期待，但因社会经济发展不平衡，地方高职院校表现出明显的发展差距，对地方社会经济发展也产生了较明显的影响。因此，分析地方高职院校的地方属性，是高职教育治理的基础性问题，对于构建政府、社会、学校的互动关系具有一定的指导价值。

3.3.2　直接诱因落差：地方政府主导型教育治理模式困境

地方大学在财政预算、招生计划、专业设置、办学规模等方面都与国家主办的教育部部属院校存在很大区别，同时，在满足地方人才培养需求、适应地方经济社会发展方面也存在客观矛盾。中国大学层次结构就像金字塔，即地方大学位于金字塔底部，在行政性教育资源配置、地方大学管理政策、地域文化需求等方面，存在着行政管理逻辑、市场需求导向与学术适应方面的非制度化、不确定性的矛盾，使得地方大学发展过程中，地方政府、地方社会、地方行业企业无所适从，难以聚合政府、市场、社会及民众力量助力地方大学改革发展。

地方政府是高等职业教育治理的主导者，对政策、体制、资源等诸多要素具有治理能力，从地方政府治理来看，公共管理者应关注以下三个问题：第一，地方政府的决策权力明晰及决策能力提升；第二，地方政府治理主导者的治理能力培养；第三，地方政府治理者善于根据不同地方治理环境来实现本地政府治理的现代化。[②]

①刘晖. 地方大学治理:特征、理念与模式[J]. 教育研究,2008(07):54—58.

②杰瑞·斯托克,楼苏萍,郁建兴. 地方治理研究:范式、理论与启示[J]. 浙江大学学报(人文社会科学版),2007(02):5—15.

1．地方政府主导下，高职教育治理主体的一元化特点明显

在中国高等院校管理中，依然强调政府的行政管理，制度体系随着执行过程还要“惯性”延续一段时间，大学管理运行机制本质上还是一种自上而下的政府控制与政府管理。①

从大学外部治理系统层面分析，治理主体主要为大学发展的利益相关者，其中在治理系统中占据绝对优势力量的是对大学发展最具影响力的权威机构，而在当代大学治理外部关系结构体系中，这一权威主体无疑是政府。分级投入层面，地方大学所能获取中央层面的财政经费投入十分有限，这促使地方政府不得不转向争取地方政府资源，但近年来，地方政府财政经费投入无法满足地方高等教育办学需求的现象屡有发生，且导致地方大学过度依赖地方财政，经济不发达地区、偏远地区高校在院校治理历程中所能获得的外部支持资源不充分、不均衡，无法实现不同区域的地方大学获取均等的教育治理成效。高职院校主要由地方政府投资，在传统制度体系下，政府和学校是管理者与被管理者，政府在治理实践中体现的主要管理职能包括资金的投入者、政策的提供者、内部权力的授予者，等等。高职院校为社会提供准公共产品，即职业教育服务，受到社会各不同主体的利益相关者的关注。地方政府需要加强对高职教育的统筹规划，在政策的制定实施、外部环境的优化、教育投资机制的完善、学校与行业企业合作关系的协调等方面大力推进。②不断转变政府职能有利于地方社会经济发展和高职教育发展，有利于不断满足地方民众对于高等教育的需求、满足企业对于技能人才的需求。③

2．地方政府主导下，高职教育利益相关者权力边界模糊

大学治理真正的关键在于政府对于大学管理权力的授予和权力运行机制的具体运行，高职院校治理结构是大学治理中的制度体系以及在多元参与主体之间的制度化结构。大学治理之核心在于解决大学与政府二者的权力与义务分担议题。中国高等教育漫长的发展历程中，由于未对政府的行政权责进行明确、监管与约束，导致在大学治理中，政府权责远远凌驾于大学治理的合法权限之上，大学的治理自主权长期受到侵蚀与稀释，大学成为政府的附庸与依从，大学的创新动力

①朱云杰．高等院校治理研究——基于非营利法人治理的分析[M]．北京:中国经济出版社,2011:3.

②张海峰,王丽娟,王义谋．论高职院校的制度创生[J]．职教通讯,2005(10):9—11+33.

③刘维俭,董仁忠．公立高职院校法人治理结构若干缺失[J]．职教论坛,2010(31):41—44.

也受到极大钳制。[①]目前高职院校的这种治理结构是一种“一元单向”集权式结构，具有典型的“行政化”组织模式管理结构特征。

高职院校治理中学校层面的治理权责更是长时期被弱化，地方政府在参与高等教育治理的过程中行政权力屡有越位，学校法人化治理架构名存实亡、高职院校过分依赖地方政府财政投入、学校资源配置权限与能力不足、院校内部治理动能不足等原因导致高职院校长时期以来未能建构起有效的现代职业教育治理体系。我国高职教育发展路径是国家教育政策调控的结果，行政命令式管理盛行，国家层面日益意识到我国现代教育治理体系中存在不符合时代发展要求的问题，并屡屡发文要求辅导高职院校提升自我治理能力，促使高职教育逐步从传统的“人治”向“法治”转化，[②]由国家行政权力直接推动和干预国家层面的职业教育治理立法。高职院校治理面临着地方政府治理不力的现实，高职教育需要根据教育治理现代化的要求，不断完善制度体系建设，以法规政策作为行动依据，逐步从“人治”转向“法治”。[③]

表3-5：高职院校内部权力体系的职权划分[④]

权力属性	职权范围
大学党委的职权（政治权力）	高校基层组织工作条例的规定，高等学校党的委员会统一领导学校工作。《高等教育法》说明了党委的领导职责，明确规定高等教育机构是党委领导下的院长负责制，党委对于学校重大事项做出讨论和决议，以保证完成人才培养、科学研究和社会服务等各项任务的完成
大学校长的职权（行政权力）	《高等教育法》第四十一条规定，高等学校的校长负责制，在学校党委领导下，完成各项具体工作，包括专业建设规划、场地建设及规划、人员培训与发展、资金筹集与使用、教育教学改革、科学研究和社会服务等各方面制度建设，并推进实施完成
学术委员会的职权（学术权力）	《高等教育法》第四十二条规定，高等学校学术委员会是党委领导下的学术权力机构，参与学科、专业的设置，教学、科学、服务的研究计划方案，评定教学、科学研究成果等有关学术事项

①雷世平. 我国高职院校治理结构存在的问题及其优化研究[J]. 职教通讯,2013(10):33—37+59.
②董仁忠. 从政策调控高职教育走向依法治理高职教育[J]. 河北师范大学学报(教育科学版),2011, 13(05):70—73.
③董仁忠. 从政策调控高职教育走向依法治理高职教育[J]. 河北师范大学学报(教育科学版),2011, 13(05):70—73.
④刘虹. 大学治理结构的政治学分析[J]. 复旦教育论坛,2013,11(06):17—22.

3．地方政府主导下，高职教育治理体系亟待完善

治理结构与治理机制是当前治理研究与治理改革的两个重要命题。高职院校治理改革的主要任务包括两方面主要内容：一是构建符合高职教育发展的特殊性、组织特性的治理结构；二是推进高职院校治理机制建设。但是，治理结构与治理机制往往被看作一个整体，并没有进行明确的区分。这就造成当前研究既表现为一种对治理结构事实状态的考据，也表现为对这种事实状态形成与改变的运行逻辑的探寻。

《中华人民共和国职业教育法》第十一条规定，国务院教育行政部门负责职业教育工作的统筹规划、综合协调、宏观管理。国务院教育行政部门、劳动行政部门和其他有关部门在国务院规定的职责范围内，分别负责有关的职业教育工作。第十二条规定，国家根据不同地区的经济发展水平和教育普及程度，实施以初中后为重点的不同阶段的教育分流，建立、健全职业学校教育与职业培训，并与其他教育相互沟通、协调发展的职业教育体系。第十三条规定，职业学校教育分为初等、中等、高等职业学校教育。初等、中等职业学校教育分别由初等、中等职业学校实施；高等职业学校教育根据需要和条件由高等职业学校实施，或者由普通高等学校实施。

地方政府是地方大学的主要举办者，在办学资源配置上很大程度上仍以政府直接投入为主，尚未建立以绩效为基准的竞争性投入机制。在管理体制上，以政府集权为主，地方政府是地方大学的监管者，地方大学的办学自主权没有真正落实。这些客观原因导致地方大学办学经费不足，且来源渠道有限、资金结构不合理，主要表现为校办产业经营收入、捐赠收入以及其他收入占办学经费总额的比重过小。

目前，高校管理体制一般遵循科层制的行政管理模式，部门林立、等级分明，本应成为教育资源优化配置保障的行政权力凌驾于学术权力之上,大学精神受到了行政权力的限制。现在，备受青睐的“专家治校”“教授治校”等也都带上了行政化的鲜明烙印。“泛行政化”管理消解了大学精神和公共职责行政权力、学术权力的合理配置和协调制衡，是高校治理结构发挥高效作用的关键。行政权力通过组织、控制、协调、监督等手段来调动人、财、物等各类资源，但当这种权力凌驾于学术权力之上后，势必出现高校管理的“官本位主义”。

高职教育治理建设目标主要包括以下两方面的内容：一是构建地方政府主导的高职院校外部治理结构；二是推进高职院校内部治理机制建设。外部治理系统可视为高职院校的治理结构，内部治理系统则重在促使运行机制的有效发挥，但

长期以来，外部治理结构与内部治理机制常被混为一个系统，未能区别建构，二者在职业教育治理体系中的主体功能未被有效激发。这也直接导致了学界的大量研究，仅仅是对高职院校治理结构的描述，对实际状态的考察，没有能够探寻两个系统发挥功效的理论逻辑与实践框架。

政府制度结构对于高职院校治理的影响十分深远，直接引导或干预了高职院校治理过程中的理性判断，在落实和执行政策的过程中，不断丧失对于教育价值目标的追求，背离教育根本属性，成为行政机构的执行部门。

第4章　典型案例研究

4.1　研究方法及选择思路

4.1.1　研究方法选择

现代政治学是在20世纪产生的，始于以美国为代表的西方发达国家。1880年美国哥伦比亚大学政治研究院的成立，标志着政治学成为一门正式的学科；1903年美国政治学会（APSA）建立，1906年《美国政治学评论》创刊，标志着政治学的独立。根据学科研究主题的差异，政治学被传统地细分为政治哲学、政治学理论、比较政治、国际关系和政治学研究方法等不同分支。

在人类社会科学研究发展历史上，存在着以何种认知路径来看世界的问题。西方历史上曾出现过三种代表性观点：首先是以古希腊哲学家苏格拉底、柏拉图为代表的，认为对世界真理的探索是可以通过单一、普遍的认知路径实现的；其次是以智者学派的普罗泰戈拉、高尔吉亚等为代表的，认为世界真理是需要多重或相对的认知路径来实现的；最后是以亚里士多德为代表的提倡“中庸”或平衡法则等“极端”平衡的认知路径。

研究是人们对自然界、人类社会和思维中发生的现象、事件和过程进行观察、思索，寻找其中的因果联系，获取知识和理论，并运用来理解、反思和改造主观与客观世界的活动。对于社会科学研究来说，研究对象、研究方法和研究目标是三个相互连接的整体。

从研究路径来看，定量研究意图基于规模样本量分析，展现不同层面的分析价值，探索一般性普遍问题、验证已知事实或实证概括、开阔新研究空间、探索因果机制、预测事件发生或结果等。其分析结果可靠性取决于模型的解释力、变量的因果关系、统计显著性及数据质量，定量研究指具体的研究工具，包括统计分析、数理模型等。

定性研究方法的核心目标是解释单个样本或独立样本中的结果，因而会倾向于围绕明确的理论问题开展研究工作，并意图通过案例选取及理论建构使政治学理论的影响最大化。就政治现象的解释而言，定性研究者常以充要条件视角思考因果关系，进而通过因果机制推演来识别自变量与因变量是否存在联系，并常借助比较来探索社会现象对理论发展和政治实践所具有的意义。在定性研究领域的最新发展中，对特点案例特定结果的原因进行评测，有助于研究者“重现所发生的特定事件或过程，建立展现初始事件和过程发生后的不同结果”，从而提升因果解释的可靠性。定性研究包括文本分析、参与式观察、个案分析等。

4.1.2 案例分析法的运用

比较是一切分析的基础，常用来“检验假设、发现假设和构建理论”。案例比较研究方法属于“由果溯因”路径中常用的定性研究方法。当前的主要案例选择中，学者选取案例多依赖于务实性策略，如时间、金钱、专业知识可及性或可获取性。由于研究者大多基于“研究结果导向”选取案例，更偏向聚焦于支持性案例，故忽略了否决性案例对研究结论的检验价值。

定性研究中对案例的细致观测进一步避免了比较分析中出现测量误差的可能，而这正是政治学领域学者所一致追求的。在“学术论文”层面的研究中要想兼顾定性比较分析的技术形式与基于案例的研究导向是困难的，相对来说，“学术著作”层面对这两者的兼顾显得轻而易举。因为“学术著作”有足够的篇幅用以进行彻底的过程追踪，并且学者在其中也能够对案例观察结果是否支持某一理论的原因进行讨论。[①]

1. 案例分析法面临的偏差及规避

个案分析就是力图通过对单一研究单元进行深入细致的分析来理解大量相似单元。定性研究中面临因果探究的逻辑和经验世界探索间的权衡。案例总体界定具有的模糊性导致分析过程中自变量无法识别，继而产生选择性偏差。一般产生

①臧雷振. 政治学研究方法:议题前沿与发展前瞻[M]. 北京:中国社会科学出版社,2016:182.

原因有以下几个方面：一是因变量的非随机性选择；二是调查者或研究者有意而为；三是依据因变量取值而裁剪样本，造成变量遗漏，即数据截断问题；四是自变量与因变量取值对斜率参数的影响不对称。选择性偏差类型包括研究内容的层次、资料来源和数据类型、选择性机制、偏差程度和事件性质。

对于追求研究精细化和准确性的学者，往往期冀排除各种偏差，使其研究结论更加可信。在数据类型方面，截面数据引起的选择性偏差体现在自变量和因变量上变异的缺失。由于历史性数据自身具有数据采集周期性，受季节、趋势因素的干扰，产生偏差的风险较大。面板数据作为克服选择性偏差的潜在方向，在实践上也有很大的改进空间。混合截面数据由于兼具两种数据的局限，分析数据时偏差存在风险更大。

选择性偏差的存在类型有三种。第一种，选择机制是指若考虑因变量取值极端化的选择案例，只需要考察研究对象总体即可避免选择性偏差。这个属于研究对象导致的自我选择偏差，常常出现在调查研究之中。第二种，由于前定内生变量与外生变量相关，对于这类研究对象的筛选无法依靠样本数据加以解决，需要依托反事实分析。这个属于第三方选择偏差，是由于研究者不可避免的依赖二手资料。第三种，研究者无法观测研究对象总体或依据我们所得的数据清晰定义总体。这个属于研究者选择偏差，包括研究者自身。

在定性研究中，一种是运用因果过程观察法来进行案例分析和假设检测，有助于研究者重现特定事件或过程，建立展现初始事件和过程发生后的不同结果，从而提升因果解释的可靠性；另一种是在定性分析中引入时间因素，因为之前任何因果推断和历史解释逻辑都是暂时性的，所以只有加入时间因素，才可以更好地理解制度变迁、政治机制、变化序列和建立过程。

由此，选择性偏差规避分为被动型规避策略和主动型规避策略，前者强调研究者基于已有研究素材或研究目标对选择性偏差采取事后纠正或弥补；后者强调研究者在研究设计阶段之初即通盘考虑潜在的选择性偏差影响。其基本规避策略包括：第一，研究者需依据研究对象进一步建立清晰合理且具有代表性的案例筛选标准；第二，研究者要能够提供充足的研究信息来支持最终的案例分类，允许读者根据相同现象对相似或矛盾的案例进行比较；第三，厘清不同理论定位和研究诉求对案例选择的影响。研究者在明确理论定位之后，通过对潜在案例总体规模、建构模型、模型适用性的充分把握，促进最佳案例选择实践的实现。

2. 运用案例分析法的理论检验

案例分析并不会围绕单一和概括性理论框架开展研究，更倾向于研究那些学界没有深入研究或尚未得到验证的理论假设。定性研究方法为建构研究议题与阐明可证性假设提供了多样的研究工具。定性研究领域的理论多由数量相对较少的案例所建构，并且其验证也是同样基于这些案例。定性研究者可以通过将案例拆解为不同部分从而得出多样的观察结果，这些结果中的一部分将被用于构建理论，另一部分将被用来验证这一理论，这样就不需要去仔细考虑数据损耗所可能导致的问题。

定性比较分析关注独立案例，该研究方法使分析者得以将多个不同的影响变量集合作为某一结果的成因来进行研究。特别是此研究方法为在研究中识别那些导致结果产生的不同诱因提供了逻辑基础。这是因为，不同诱因可能因其各自的机理而对事件结果构成充分条件，所以从更深层次上来看，该方法使得研究者可以通过不同的路径得到相同的结果及多重因果关系。

通过研究表明，构建好理论有七个主要特征：一是理论的解释力强；二是通过简化方式来阐明问题；三是理论令人满意；四是界定清晰；五是原则上可证伪；六是解释重要的现象；七是能够产生有用的政策建议。而理论创造的过程有八种归纳法和一个演绎法：①考察“外部”案例，即现存理论不能很好地解释的案例。这种外部案例一定能为某些未知的原因所解释，通过探究这些案例，力图发现原因；②由约翰·斯图亚特·密尔所倡导的“求异法”和“求同法”可以有助于构造归纳性理论；③选择研究变量的值很大或很小的案例，通过研究这些案例来发现与之相联系的现象；④选择研究变量的值在案例内发生剧烈变化的那些案例，通过研究这些案例来发现与之共变的现象；⑤反事实分析可以为理论归纳提供帮助。⑥从政策争论中推断理论；⑦当事者或旁观者对所经历的事件试图给出解释的见解，能够为我们所利用以发掘理论假设；⑧通过大样本数据集来探究变量之间的相关性；⑨通过借鉴某个领域的现有理论并将它们加以改造以适应对其他领域现象的解释来创造理论。

案例研究的优势具体为：其一，通过案例研究而进行的检验通常是强检验，因为所检验的预言具有独特性。特别地，案例研究有利于对决策者的私下讲话及其著述做出的预言进行检验。通常，根据理论做出的这些预言都具有唯一性，其他的理论没有预言出与之相同的思想或命题。该预言得到证实，所检验的理论就得到强烈确证。案例研究是抓住这类确证性证据的最好形式。因而，案例研究可以为支持或驳斥政治理论提供决定性的证据。其二，通过案例研究来推断或检验关于自变量是如何引起因变量的解释，要比大样本统计分析方法容易得多。如果案例研究的证据支持假设，调查者就可以进一步研究该案例以便推导和检验关于假设具体细节的解释。还可以通过追踪过程考察案例的初始条件转化为案例结果的过程。调查方法取决于所研究问题的特点和被研究的数据域的结构。

通过案例研究，可以来检验理论和创造理论。为了从案例中推导出新的理论，我们要先对案例进行研究，从而寻找客观现象之间的联系以及直接当事人对自己在事件中的动机和信念的证言。这些联系和参与者的陈述可以为因果关系提供线索。研究者从案例研究中推导出理论时，可以运用四种基本方法：受控比较、相符性程序、过程追踪、德尔菲法。

最后是案例选择的标准。案例选择的一般性标准：一是研究者应选择最能服务于自己研究目的的案例。案例选择标准应随着研究者所处研究阶段的不同而变化。研究者首先要做的是推导理论，接着检验理论，然后通过推导和检验前提条件来测试理论的涵盖范围（外在效度）。二是在检验理论时，为了利于操作化，研究者选择的案例应使检验力度和检验数量最大化。选择标准具体表现为：选择资料丰富的案例；选择自变量、因变量或条件变量具有极端值（极高或极低）的案例；选择自变量、因变量或条件变量随着时空变化而产生案例内较大差异的案例；选择竞争性理论做出了相反预言的案例；选择与当前政策情况相似的案例；选择具有典型背景特征的案例；选择适合进行案例间受控比较的案例；选择外部案例；选择具有内在重要性的案例；选择适合进行重复检验的案例；选择的案例要适宜进行先前所遗漏的检验。

4.2　案例选择和资料来源

4.2.1　案例选择

对于社会科学研究来说，研究对象、研究方法和研究目标是三个相互连接的整体。政治学研究模式可以划分为实证主义、诠释主义和批判主义三种主要模式。政治学科学研究活动的特点有：强烈的政治性；明显的民主性；鲜明的创新性。政治学科学研究分为两个层面：一个是政治学基础性研究；另一个是政治学应用性研究。

本书基于经验主义和理论生成视角，选择案例比较研究法作为主要分析工具。这是因为在质性研究中，比较分析法常常出现不同比较主体之间的测量误差，案例分析的引入以其细致入微的观察可较大程度上规避比较分析中存在误差的可能性，这也是政治学领域开展研究常采用的综合研究范式。①

1．案例分析法的偏差及规避

案例分析法主要通过对某一独立研究单元进行细致入微的剖析，以其作为理解其他相似单元的现实基础。定性研究中面临因果探究的逻辑和经验世界探索间的权衡。但案例的选择存在一定难度，案例的适切性往往受到现实的考验，不同案例的边界也存在模糊性，这也在一定程度上导致了案例剖析过程中个别自变量难以识别，以及存在大量无关变量的干扰的现实情形，并导致案例分析的选择性偏差。

不仅案例分析法存在研究方法和分析单元特征，二手资料的来源类型也直接影响选择性偏差。可以看到，结合调查案例数据的使用，存在三种造成偏差的机制：第一种类型，在调查研究之中，因研究成本和研究环境制约，研究者往往选择个别案例而非多个案例，难以通过分析研究对象整体情况来避免选择性偏差；第二种类型，由于研究者使用的是二手资料，对象的筛选无法依靠样本解决；第三种，研究者自身选择偏差，研究者无法从所得的数据中清晰定义总体。

由此，选择性偏差规避分为被动型规避策略和主动型规避策略：一是研究者须按照研究对象差异，初步确立可供选择的具有代表性和典型性的案例，建构个案选择标准，从源头上规避选择性偏差；二是对研究者掌握信息的深度和广度具有较高要求，研究者开展研究前需要进行大量案例资料搜集、整理和分析工作，充分掌握研究资讯，具备最终个案选择和综合比较的主体能力；三是建立研究理论定位与研究诉求间的对称机制，从理论与研究诉求的一致性角度选择案例，在确立理论基础后，通过对潜在案例的整体特质、规模属性进行分析，建立分析模型，把握案例的本质，以实现研究诉求。

2．案例分析法的理论检验

开展案例分析，通常不会针对某一成熟研究领域或单位理论框架开展研究，

①臧雷振．政治学研究方法:议题前沿与发展前瞻[M]．北京:中国社会科学出版社,2016:182.

而是倾向于探索不同研究领域的模糊地带或尚未得到充分讨论的研究假设。从研究工具选择上，质性研究方法为研究现实情境议题与验证研究假设提供了丰富的研究工具。质性研究理论的生成与建构通常来源于对少量案例的深入剖析，相关理论的验证也无法基于大样本个案，而是同样基于少数个案。定性研究者可以通过将案例拆解为不同部分从而得出多样的分析结果。而分析结果的使用往往被一分为二，其中一部分用于生成、建构新理论或丰富原有的理论体系，另一部分则被用于检验该理论应用于现实情境的适切性。正是个案研究的成果可以被高效使用，才避免了因数据损耗而导致的研究成本耗竭。

通过研究表明，构建好理论有七个主要特征：一是理论可解释性；二是测查问题能否简化；三是理论可以自圆其说；四是概念界定清晰；五是原则上可证伪；六是能够解释现实情境中的重要问题；七是可以生成有用的政策建议或修正性方案。

案例研究的优势主要包括如下两个方面：一是案例研究对现有理论的剖析与检验具有强检验属性，所检验的问题或内容具有高度独特性。案例研究是抓住这类确证性证据的最好形式。因此，案例分析可以支持或者否定相关理论的主要观点。二是采用案例研究法观察自变量对因变量的影响机制或解释程度，可以比大样本的调查研究为研究者提供更为深入的视角把握政治、文化、历史等背景脉络性因素，也容易关注到案例中人的情感和态度等个体因素对宏大政治议题的影响，而要了解这些方面的内容，统计分析法显然无能为力。

最后是筛选个案的标准。案例筛选标准乃案例研究的起点，决定着案例研究的成败，但往往受到研究者的忽视。本书认为，应从如下两个层面确定案例筛选标准：其一，基于研究诉求和理论基础选择案例。案例选择标准应首先基于研究者的研究目的和诉求，在充分的理论推导的基础上，大量搜集、整理和分析案例，在研究计划中将案例筛选标准确定下来，以此作为后续开展研究的基础。其二，为了确保研究理论得到检验，所取的案例应具可及性、可行性、可控性和资料丰富性。可及性主要指研究者有能力获取研究资料，案例的自变量和因变量具有清晰的关系脉络且有极端值的个案；可行性是指所选择案例在一定的时间和空间的条件之下，案例内在有一定波动性，具有开展研究的时间和空间条件；可控性，是指所选案例为研究者理论推导及个体研究有能力把握的，能应对现实情境出现的问题；资料丰富性，是指所选取的个案需要丰富的现实和理论素材作为支撑，满足材料搜集的需要。

3. 国内外案例的选择

联合国教科文组织在2012年5月召开的国际职业大会上发布了题为《职业教育的转型：培养工作与生活技能》的报告，特别强调了职业教育管理变革的重要性，善治是职业教育实现改革的先决条件，它是政策改善的基础。①根据国际社会的研究，有效的职业教育治理需要解决三方面问题：政府机构怎样承担职业教育的责任；为促进职业教育与培训体系的协调发展及职业教育机构与外部利益相关者之间的交流与合作，政府设立了哪些提供国家交流、合作与协调的机构，如权威机构、委员会、相关协会等；是否形成了对整个国家职业教育总体供给情况的监测体系；等等。②正如《世界高等教育大会宣言》第17条指出，“有关各方——国家的和学校的决策者、教学人员、研究人员和学生以及高等院校的行政和技术人员、职业界和社会团体——之间的合作伙伴关系与联盟是进行改革的一支强大力量”“合作，将是世界开放大学的未来发展趋势”。

4.2.2 资料来源

资料来源一般可分为一手资料和二手资料，一手资料的时效性和相关性占优，但获取难度和成本较高；二手资料容易获取，更加便捷。在信息技术飞速发展的当前环境下，通过多种途径获取的二手数据提供的信息和资料，同样能够进行科学研究。本书的案例充分地扩充了资料来源渠道，增强了经验类材料的广泛性，审慎采用公开出版或发表的各类文献、新闻报道、网络媒体数据，提高了数据资料的可靠性。具体来源渠道：其一，政策文本。本书的政策文本涉及中国近一百年来的职业教育相关法律法规和政策文件，案例部分涉及德国职业教育的国家法律法规、我国宁波市的校企合作方面的法律法规。其二，政府网站和专题网站。随着政府电子政务系统的建设和完善，政府运作更加规范和透明，政府机关的各类档案、文件、数据以数字化形式向社会公众和研究机构公开，本书的研究从教育部网站、宁波市政府、教育局网站，以及中国知网、新华网、南方网等网站获取了大量与案例相关的资料数据。其三，新闻报道。新闻报道客观、真实地呈现了各国，以及我国各地高等职业教育治理现代化的积极探索成果，通过《人

①第三届国际职业技术教育大会主要工作文件. 职业技术教育与培训的转型:培养工作与生活技能[R]. 联合国教育、科学及文化组织,2012.

②李玉静,谷峪. 国际职业教育治理的理念与实践策略[J]. 职业技术教育,2014,35(31):78—83.

民日报》《中国教育报》《光明日报》等报纸，获取了相关案例的新闻报道。其四，研究文献。包括著作与论文、相关研究机构或研究团体的研究报告，在间接获得一些记录数据的同时，也为本书的研究提供了理论支持。

4.3　国外案例：德国高职教育协同治理的模式分析

德国在二战以后加强了国家教育体制改革，为了适应社会经济迅速发展的需要，特别推动中高等职业教育发展，促进形成科学的国家职业教育体系。[①]德国实施协调性市场经济，企业在职业教育中承担的职责比较多。

德国依据专业结构分层次设立不同种类的职业学校，如大致处于初等、中等层次的强制性职业补习学校、全程职业教育、商业专科学校、工业及工艺专科学校、农业专科学校和具有大学教育程度的高等工业学校、高等商业学校等职业学校。[②]

在德国这个联邦制国家，各州是教育管理的负责人，包括职业学校在内的所有学校均属于州一级的国家设施。因此，各州享有学校教育的立法权，但也存在一个特例：《高等学校框架法》为联邦立法。

德国大学具有悠久的历史，其治理结构和权力模式呈现多元化的特色，主要表现在以下几个方面：一是从大学与政府的关系来看，权力相对集中于州政府层面，州政府在预算与财务权、房屋与设备资产权、招生权等行政性事务管理权力方面具有最终的决策权；二是从大学内部纵向的各层次的权力分配来看，权力相对集中于基层；三是从横向各主体的权力分布来看，学术人员在大学的权力系统中居于主导地位。以教授为主体的部务委员会在学术成员与晋升权、学科与课程设置权和研究决策权等方面享有充分的权力，讲座教授在这些方面都享有一定的权力。

德国的《高等学校总法》对大学的自治与国家管理、大学的机构与规划进行了详细的规定，但因为大学的经费绝大部分来源于州政府，大学的教授和其他领薪人员都是州的公务员，因此大学对于州政府的依赖程度远远高于对联邦政府的依赖程度。由于大学对政府资源的完全依赖，所以州政府对于大学拥有

①高柏. 经济意识形态与日本产业政策[M]. 安佳,译. 上海:上海人民出版社,2008:13.
②杨喜军. 国际职业教育体系的类型分析及对我国的启示[J]. 现代教育管理,2014(04):95—99.

很大的权力，常常直接委派官员管理大学的非学术性事务，包括经费的预决算、人员安排和一般性行政工作。但同时，德国大学拥有学术自治的传统，基层的教授拥有强势的学术资本，可以越过学校直接从政府那里获得所需的资源，而对学校层面的依赖程度较低。因为大学教授具有获得资源的能力，因此，在德国大学的内部权力结构中，呈现“底部沉重”的特征，即位于基层的大学教授拥有更多的权力，在校内各个决策层面都占据主导地位，而大学内部行政系统的权力则相对萎缩。这在德国大学的治理结构上有明显的体现，一般德国大学的最高领导机构为校务委员会，主要成员由教授、助教和科学助手组成。校务委员会也是大学的立法机构，其职能是：选举校长、副校长和讨论决定学校重大学术问题。教师招聘、教授资格评定等权力基本上归于各学部，各学部均成立部务委员会，负责处理学部内的一切事项，学部主任由部务委员会选举产生。①

德国职业教育的特色是双主体的“双元制”职业教育，这个双元一个是指职业学校，另一个是指教育企业，由两者同时办学，完成职业教育过程，称为“双元制”。作为德国职业教育主体的“双元制”职业教育的立法权在联邦一级。鉴于“双元制”是国家办的职业学校与私人办的企业合作开展职业教育的模式，所以职业学校这“一元”遵循《州学校法》，由州教育部管理；而“教育企业”则遵循《联邦职业教育法》，由联邦教育部管理。因此，《联邦职业教育法》主要是规范企业职业教育的，当然也涉及职业教育的许多重大问题。“双元制”作为一个由联邦与州两级立法与管理的正规的职业教育，在本质上是一种“教育调节的企业中心模式”。②

4.3.1　外部环境：德国职业教育协同治理的现实场域

德国非常重视职业教育和技能培养，他们认为培养熟练的技术工人非常重要，职业教育和技能培养是国家工业生产技术标准的基本保障，对社会经济发展具有重要作用。③德国的教育管理体系是联邦与州的两级管理，其中州具有地方管理权，④州政府拥有对本州教育事业的自主领导和管理权，对内实行统一管

①刘向东，陈英霞．大学治理结构剖析[J]．中国软科学，2007(07):97—104.
②姜大源,刘立新．(德国)联邦职业教育法(BBiG)[J]．中国职业技术教育,2005(35):56—62.
③孙玫璐,石伟平．职业教育制度分析[J]．高等教育研究,2009,30(09):83.
④吴景松．政府职能转变视野中的公共教育治理范式研究[D]．华东师范大学,2008.

理，由州教育与文化事务部直接领导下属各级教育行政管理机构，中央政府则负责监督和辅助。

德国的双元制培训是最具德国特色的职业教育体系，政府每年定期出版《国家承认的培训职业目录》作为职业教育培训的国家标准，全国各地按照国家职业目录开展教育和培训活动。目前，德国共有约350个被国家承认的培训职业。在德国的教育系统中，职业教育的双元制属于国家公办教育系列，是国家人才培养的两条路径之一，与普通教育具有同等地位，而且学习人数已经占据大半。

德国的企业会申请成为教育企业，但双元制并不是企业的法定义务，企业提供双元制培训完全遵从自愿原则，但是，参与的教育企业可以获得国家层面的政策支持，如税务支持等。联邦政府主要负责管理协调，如联邦教育与研究部等，它们提供国家职业培训标准，完成各项培训教育的推进，一般是由行业协会实施，教育企业积极参与。

4.3.2　协同动因：德国职业教育治理中多元主体的共生融合

德国职业教育的发展关键是国家法律体系的完善，以及政府财政的保障。德国建立了比较规范的职业教育法律、法规体系，包括联邦《职业教育法》、联邦《职业教育促进法》和《手工业条例》等规范德国职业教育的基本法律以及《青年劳动保护法》《企业基本法》《培训员资格条例》《实训教师资格条例》和各州的职业教育法和学校法等。完善的法律体系为德国职业教育的规范开展提供了制度支持和权力保障。德国职业教育体系中，各主体之间权力运行和权力配比较为平衡，极大地促进了职业教育治理主体之间的相互融合。其中，教育企业受联邦政府法规约束，通过行业执行教育培训，并拥有相对应的权力保证；职业学校受州法律约束，州政府同时给予资金、土地等资源的保障。

2004年7月《职业教育改革法》由联邦政府颁布，2005年4月1日新《职业教育法》颁布，是对1969年《职业教育法》和1981年《职业教育促进法》的合并，并于2007年做出部分修改。①

根据德国新的联邦职业教育法规定，联邦政府以及州政府的责任可以分别确定为以下几个方面。

①姜大源．德国联邦职业教育法译者序[J]．中国职业技术教育,2012(10):71—88.

从联邦政府方面来看，法律条款主要约束教育企业，直接对其进行管理的政府部门为联邦经济和劳动部。联邦经济和劳动部的主要职责有：代表联邦政府对教育职业进行管理，对职业教育的教育构成、专业教育、考试内容、教育形式等整体职业教育实践过程进行管理；对全国职业教育发展进行研究和分析，统计相关数据并上报联邦劳动局。

联邦职业教育研究所是由联邦政府主管，是一个独立法人机构，其主要职责有：参与联邦政府的职业教育相关法律、法规的制定工作；负责起草国家职业教育目录；负责开展职业教育的研究报告、统计汇总、典型案例、国际合作等事项。

在州政府层面，主管机构是职业教育委员会，这里的委员会是指各州对自身教育事务进行管理的部门。主要管理内容包括：教学计划框架制订、教学计划实施监督、经费预算及管理、监督本州的行业协会参与职业教育的各项活动。各州主管机构设立的职业教育委员会由多名雇主代表、雇员代表及职业学校教师组成。州级最高部门的代表中至少一半必须是学校教育问题专家。

州政府以法规形式确定职业教育可全部或部分计入职业教育期限时，须提前听取州职业教育委员会的意见。法规要求，由受教育者和教育提供者共同申请折算教育期限。承担农业包括农村家庭经济类职业教育、家政类职业教育的教育机构必须获得州法律规定的主管部门的认可。

4.3.3 协同引擎：德国职业教育校企合作治理模式的运作

1. 职业教育治理模式中行业的职责

德国的主要行会包括工商业行会(IHK)、律师行会(RAK)、手工业行会(HWK)、税务顾问行会(StBK)、农业行会(LWK)、医师行会(AK)等，行业协会是每个行业中直接负责开展双元制职业教育的实施主体。新职业教育法通过行业协会的实际推进，把新的技术、新的工艺和新的管理植入相关行业领域的企业并使企业工作者得到相应的培训。例如，1998年，企业、工会和政府密切合作，在信息和通信技术领域开发了4个新的培训职业并获得认可和推广。据有关方面统计，2000年以来已有62个新的培训职业被开发出来，162种职业完成了现代化。

行业协会的主要责任有：手工业协会在法律上是手工类职业的职业教育主管机构；获得手工业协会认可的企业可开展须经许可的手工业类、无须许可的手工业类及类似手工业的职业准备教育、职业教育及职业改行教育。

各职业领域的行会是实施双元制职业教育培训的主管单位，德国在2008年签订的双元制职业教育培训合同达到625914份，有关情况如表4-1所示。

表4-1：2008年各行会所负责的双元制职业教育合同份额

工商业行会(IHK)	手工业行会(HWK)	农业行会(LWK)	律师、税务、医师	其他行会
367484份	179698份	15902份	44556份	18274份
58.7%	28.7%	2.6%	7.1%	2.9%

在《联邦职业教育法(2005)》中，行会机构被确定为各领域职业教育培训的主管机关。行会负责职业教育培训合同各阶段的管理以及职业教育培训的考试组织、审查与监督。①

德国职业教育体系是一个几乎完全依赖于企业自愿提供培训的体系，德国整个职业教育体系的发展完善除了依靠德国制造业企业支持外，还包括许多服务类企业的参与，以及大量中小企业的积极支持。研究发现，行业企业参与是对职业教育体系最大的支持。②

表4-2说明了制造业学徒培训高于服务行业的情况(培训人数相对于总就业情况)，2007年，中级服务行业的学徒比例实际上从1995年的4.0%下降到了2007年的3.6%。

表4-2：1995-2007年学徒比例的行业差异

行业部门	学徒数量变化(%)	学徒比例(1995)	学徒比例(2007)
金属、电子	22.8	11.3	12.3
其他行业	29.6	6.8	7.7
技术、科学	-22.4	1.9	1.5
初级服务部门	18.5	4.4	5.1
中级服务部门	-1.1	4.0	3.6
数据来源：Werner(2008：59)			

2. 职业教育治理模式中企业的职责

按照《联邦职业教育法》的有关规定，企业必须具备一定的资格才能承担职业教育的办学任务，只有通过相关行业协会的资格审查并获得认定的企业才具备职业教育办学资格，此类具有职业教育办学资格的企业即为“教育企业”。《联

①蔡跃,王继平. 从《联邦职业教育法》看德国行会在职业教育中的作用[J]. 教育理论与实践,2011,31(06):25—27.

②景琴玲,王革. 德国职业教育体系透析与展望[J]. 国家教育行政学院学报,2012(02):91—95.

邦职业教育法》第27条明确规定了教育企业的资质要求，必须满足以下两个条件：教育企业的种类和设施适合进行职业教育；受教育者的数量与教育需求的位置的数量或与从业专业人员的数量应保持适当的比例。[①]在企业自愿提供培训的基础上，政府通过行政手段促进企业培训，对于不提供培训的企业予以惩罚性征税。

教育企业和受教育者应签订“职业教育合同”，以此对双方的职业教育关系加以明确。教育企业是“双元制”职业教育的“法人”，负责招收学生。学生在进入双元制职业教育系统学习之前，必须以书面形式与教育企业签订意向明确的职业教育合同。教育企业的责任为致力于向受教育者传授必备的职业技能，合理安排并实施职业教育；委托教师进行职业教育；免费为受教育者提供参加职业教育和考试的教育用品；督促受教育者去职业学校学习；促进受教育者个性发展。[②]可以通过表4-3，分析德国教育企业承担学徒培训的情况。

从表4-3中可以看出，德国学徒培训的需求数量在持续下降。从联邦职业教育研究所(BIBB)的学徒培训供给与需求报告可以看出，体系基本处于平衡状态，然而这种表面的平衡在某种程度上只是停留在不稳定的统计技术层面上。例如，联邦部教育研究所(BIBB)报告统计，2005年有48.7%的人正式注册了双元制职业教育，只有约5%没有培训位置，但实际上没有培训位置的比例高达46%。

表4-3：1998-2007年学徒培训位置的供给与需求变化

年份	学徒的供给数(个)	学徒的需求数(个)	学徒安置率(%)
1998	609274	612785	99.4
1999	613381	634938	96.6
2000	635933	648204	98.1
2001	654454	660380	99.1
2002	647383	645335	100.3
2003	638773	634700	100.6
2004	590328	595706	99.1
2005	572474	592649	96.6
2006	586374	617556	95.0
2007	562816	591080	95.2
数据来源：德国联邦教育与研究部(BMBF)(2007：15)			

①姜大源．德国联邦职业教育法译者序[J]．中国职业技术教育,2012(10)

②姜大源．德国联邦职业教育法译者序[J]．中国职业技术教育,2012(10)

职业教育治理模式中职业学校的职责：在德国双元制中，培训企业与职业学校分别是两大重要的教学机构。职业学校依据职责向双元制学徒提供义务的职业教育。

学徒在企业和学校的培训时间比例约为3：2。学徒每周有一天在企业中接受技能训练，另外的一天在职业学校上文化知识课程，学校与企业相互合作，又各司其职。学徒在通过由考试委员会主持的中期考试和结业考试(考试包括笔试和实际操作)后，可获得全国认可的职业资格证书。

职业学校中的教学场所主要是教室和实验室。根据联邦德国各州教育与文化事务部长联席会做出的规定，双元制职业学校2/3的教学应该是职业导向的，其他1/3为普通教育或综合的职业教育，每周教学不少于12小时。普通教育部分主要包括社会研究、经济、德语、外语、宗教和体育等，职业教育部分根据联邦德国各州教育与文化事务部长联席会颁布的框架教学计划开展。

4.3.4　协同评估：德国职业教育协同治理的经验与借鉴

在双元制中，联邦政府和州政府扮演了不同的角色，行业协会负责职业教育的教育执行指导，工会协调各方意见，教育企业开展企业岗位的实训指导和技能实训，职业学校进行职业教学。通过对双元制管理架构的分析，不难看出机构主体之间的利益均衡。双元制的所有利益相关者，除了政府和学校以外，雇主的利益是由行业协会代表的，学徒的利益是由工会代表的。

在当代德国，利益协调的原则在德国双元制的组织与管理体系中有较明显的体现。双元制的培训成本分别由教育企业、职业学校和跨企业培训中心承担。职业培训条例与框架教学计划是德国双元制教学的两大规范，同时对师资提出了明确要求，并科学执行考试与资格制度。

总的来说，在宏观层面，德国双元制建立了较为完善的法律制度，并且在联邦政府和州政府之间协同形成完整的职业教育法律体系；在中观层面，职业培训条例和框架教学计划明确了培养标准，为企业培训与职业学校的职业技术教学提供行动指南；在微观层面，实施的教学督导体系较为完善，通过第三方的独立考核，能够保障教学效果。[①]德国的经济、社会、文化背景及教育体系为德国双元制发展创造了条件。双元制在德国获得了高度认可和较为普遍的开展。

①关晶. 西方学徒制研究[D]. 华东师范大学,2010.

4.4 国内案例：宁波市高职教育协同治理的模式分析

职业教育的特点就是校企合作，目前校企合作往往是学校热情很高，而企业参与动力不足，改变这种现状需要政府给予政策导向和支持。宁波市政府在校企合作政策引导上做了很好的尝试。宁波市是我国第一个正式出台，以促进校企合作为主要内容的地方性法规的城市，其在高职教育治理模式改革与实践，尤其在校企合作实践中，是最具有代表性的案例。

4.4.1 外部环境：宁波市高职教育治理实践历程的系统考察

宁波市在经济飞速发展的同时，将职业教育发展的内涵，即构建服务型职业教育体系，作为探寻城市经济社会可持续发展的路径。2003年以来，宁波市职业院校积极探索校企合作培养模式，在开展“订单式”培养、组建职业教育集团、建设实习实训基地等方面取得了明显成效。[①]2006年，宁波市政府出台了《关于加快构建服务型职业教育体系的若干意见》，在文件中提出职业教育的主要利益主体是政府、行业、企业和学校，文件支持这四个主体积极参与职业教育治理，并形成稳定的运行机制。

2008年，宁波市政府针对培养高素质应用型人才的要求，发布了政府文件。[②]同年，宁波市颁布《宁波市职业教育校企合作促进条例》，这是我国第一部地方立法明确校企合作管理的法律。2009年，全市开展了以“校企携手，共创未来”为主题的“2211校企牵手活动”[③]。通过开展活动，各职业学校对接当地产业集群成功率达100%，有力助推了宁波市地方经济转型升级，有效推动了职业教育与地方经济建设的联动发展。

2011年，宁波市颁布了《宁波市职业教育校企合作促进条例实施办法》（以下简称《实施办法》）。该《实施办法》主要在以下方面有所创新和突破。

第一，完善经费保障制度。由于职业教育的培养成本高，一般由地方财政

①沈剑光,严新乔. 健全校企合作法律保障 促进职业教育健康发展——《宁波市职业教育校企合作促进条例》浅析[J]. 中国职业技术教育,2009(13):19—23.

②席冬梅. 校企合作:职教立法之路[J]. 中国职业技术教育,2012(10):36.

③文件《宁波市人民政府关于深化服务型教育体系建设,加快培养高素质应用型人才的若干意见》

支持，财政投入不足是困扰职业教育发展的瓶颈之一，这就需要各级地方政府加大财政扶持力度，建立和完善以政府投入为主体、行业企业等社会组织参与的多元投入保障机制。同时，明确参与校企合作的企业税收优惠政策，激励行业企业参与投入职业教育。宁波市根据有关法律以及财政部和国家税务总局相关文件精神，明确了参与校企合作的企业可享受的税收优惠有关政策。

第二，根据职业教育的跨界性特点，①重新梳理政府不同职能部门的责任，需要组建跨界的组织协调机构。宁波市教育局牵头制定了职业教育联席会议制度，统筹协调政府各职能部门，定期召开协调会议，发挥政府的积极引导作用，有力促进职业教育校企合作的持续健康发展，形成合力推进职业教育协调发展。

第三，加强职业学校与行业、企业的合作。依据宁波市产业结构调整需求，引导学校调整和优化专业布局，支持办好特色专业和与战略新兴产业相结合的重点专业。成立宁波市职业教育校企合作促进会，整合政府、行业、企业优势资源，通过建设职业教育集团、产学研培合作平台等，推动职业教育校企合作集团化办学，实现企业与学校之间共建专业、专业培养对接产业需求。

4.4.2 协同动因：宁波市高职教育的政府协同模式

高职教育校企合作在现实中有很多问题，其中比较突出的是：校企合作缺乏有效的政策保障，工作协调运行机制需要进一步健全，企业积极性、主动性不高、参与意愿不够强烈、高水平合作较少；实习期间学生如果发生意外事故，处理过程缺乏法律依据、难度较大；企业与职业院校的权力和义务不明确等。加强地方立法，为政府、行业企业与高职院校的合作发展提供人力、物力、财力支持，推动政府加大财政投入和政策扶持，引导职业院校积极主动地寻求与行业企业的合作，紧扣地方经济发展，开展有针对性的专业培养，大大加强了地方产业经济发展的人力资源支撑。

政府是高职教育治理的元治理主体，应通过立法使其制度化、规范化、合理化，进而推动教育治理改革的进行。在中国高职教育治理的实践中，宁波市高职教育具有较强的代表性，其体现了政府参与协同治理的基本模式。

一是，解决由哪些政府具体部门来协调校企合作的问题。职业教育的校企合作工作内容复杂，难以确定管理部门，《实施办法》第六至八条中明确提出“市

①姜大源. 职业教育法修改应有“跨界”思维[N]. 光明日报,2015-06-22(006).

和县(市)区人民政府要强化统筹协调，搭建校企合作平台，推行信息共享、需求定制、税收优惠等措施。”进一步强调各级地方政府要建立“职业教育联席会议制度”，统筹协调本地区校企合作的规划、资源配置、经费保障、督导评估等工作。各级政府的职业教育联席会议办公室分别设在各级地方政府的教育行政部门，作为职业教育联席会议办事机构和校企合作工作的协调、办事机构，主要负责统筹协调区域内职业教育校企合作工作。随着联席会议制度的实施，极大地推进了校企合作双方利益的共同实现，形成了有关校企合作的各项决定。

二是，解决资金专项管理主体的问题。根据法律要求，设立校企合作发展专项资金，用于职业教育校企合作的基本开支。《实施办法》规定，“各级地方政府必须设立职业教育校企合作发展专项资金。专项资金主要由各级财政资金安排，并随着经济和社会的发展逐步增长”。专项资金主要用于教师挂职锻炼、学生实习、聘请能工巧匠、购买实习责任保险、联合共建实习实训基地、编写地方特色教材、工作经费补助、奖励技术攻关等。同时，宁波市政府每年投入1500万元用于企业职工培训，2010年起，该项培训经费提高到2500万元。[①]项目实施以来，培训企业职工近15万人，12.2万人取得了由劳动和社会保障等权威部门颁发的职业资格证书，取证率超过80%。

三是，完善职业教育治理的第三方监督机制。建立校企合作项目督导评估制度，由政府委托的校企合作认定小组或其他评估机构对专项资金补助的项目进行督导评估。

4.4.3 协同引擎：宁波市高职教育行业企业融合机制的运作

《实施办法》确定了校企合作中的行业企业参与的重要性，用制度约束与完善校企主体之间的协同治理模式，实现校企融合的发展目标。

一是，明确校企合作中不同主体的权力和义务。《实施办法》第三条中，明确要求企业支持职业学校教师下企业实践和学生顶岗实习活动，尤其对于学生的顶岗实习工作，严格要求企业履行对人才培养的义务，使学生顺利完成实践教学任务。

二是，解决校企合作信息资源不对称问题。《实施办法》第九条中要求，建立宁波市职业教育校企合作公共网络服务平台，使相关管理主体及社会大众也能

①解艳华. 校企合作立法的宁波探索[N]. 人民政协报,2012-2-1(C02).

使用相关信息，促进各方信息沟通，实现运作机制顺畅。现在已经建成“宁波校企通”网络平台。

三是，解决规范职业教育校企合作政策问题。根据职业院校和企业的意见，《实施办法》第十二至十九条中，市级设立的专项资金分配采取项目申报制。职业院校、合作企业和行业组织可自主申报专项资金补助项目，对于这些专项资金实现对口支持。

4.4.4 协同评估：宁波市高职教育协同治理的经验与借鉴

综上所述，职业教育校企合作发展之路不能寄托于校企松散与自愿的合作，其前途既不决定于参与者的决心，也不是一部法规所能造就的。地方政府必须通过地方立法来明确校企合作中各方主体的权力和利益，构建信息沟通渠道，体现参与者的价值保障。从校企自发选择到法律约束合作，是职业教育孜孜不倦的追求。在政策的保障下，在法律制度的框架内，宁波的职业教育与行业企业能够不断丰富合作内涵，在实践、探索的路上实现从合作自发到合作自觉的理想境界。

4.5 案例比较分析

比较是以现实情境作为主要研究对象的基本方法单元，其核心路径主要是“发现假设—提出假设—检验假设—生成理论”。如上所述，案例研究法作为经验主义分析范式和理论知识分析范式的主要分析工具，被视为有效的检验实践场域和提纯理论，是生成解决方案的最佳研究工具。比较分析法常与案例研究法相互融合，合成案例比较分析法，作为当代社会情境脉络有效的分析工具。案例比较分析法属于“由果及因”的倒推式定性研究方法，侧重于对于现有理论的现实情境检验。但是，在现有的政治学领域的案例研究文献中，大部分研究者侧重于进行一种务实性的策略讨论或方案建构，如时间、资源、理论知识和技术手段的可及性和可行性。此类研究之共性乃持“研究结果导向”，力图从现有研究结果中探寻现实问题的解决方案或支持性案例，聚焦于支持性理论或策略，而否定性策略方案的实存则受到现有文献的忽略。

通过对德国高职教育治理模式进行分析，可以清楚地看到德国高职教育治理模式的特点：在宏观层面，德国双元制建立了较为完善的法律制度，并且在联邦政府和州政府之间协同形成完整的职业教育法律体系；在中观层面，职业培训条例和框架教学计划具有培养标准，使企业培训与职业学校的职业技术教学内容有章可循；在微观层面，教学实施的督导体系较为完善，通过第三方的独立考核，能够保障教学效果。德国的经济、社会、文化背景及教育体系为德国双元制提供了特殊的发展背景。双元制在德国开展得较为普遍，并得到企业和学生的高度认可。

从国际社会的实践来看，德国这种以行业企业深度参与职业教育实施为特征的协作性模式是国际社会公认的、最有效的职业教育治理模式。这种模式通过在国家调节下的工作本位中心学习，保障了职业教育体系的高效运行。这种模式的特点体现在如下方面：治理体制机制的透明性；治理主体间的交流性、包容性与合作性；治理运行的开放性与反应性。这一高效治理模式建立的关键策略是，在政府层面形成明确的法律规定，对职业教育决策或运行中关键利益主体的职责给予明确界定，在此基础上，加强职业教育机构间及其与工作组织、行业企业的交流对话，形成关于未来职业教育发展需求的有效、透明、及时、开放的传递机制。

通过对宁波市职业教育模式的分析，可以归纳出学校式职业教育模式有以下几个特征：一是，培训岗位的供需关系是由地方政府行政机构来确定的，当培训计划受限于固定的基本职业的时候，这种规划的合理性能得到最大限度的发挥；二是，职业培训的方式考虑到了个人和社会的要求，职业教育教学也有相应的目标原则及其相应的能力考核和选择标准；三是，职业教育培训过程的计划、组织和控制一般以地方政府行政命令的方式来实施，这样规范的实施过程保证了该教育培训模式的系统化，并使之具有强烈的学院式教育色彩；四是，这种学校式职业培训的经费开支依靠地方政府财政拨款。

无论是德国的作为国家法律制度设计，明确行业企业职责，推进公民的职业技能教育，还是宁波市的制定地方政府法规，推进校企合作的不同主体责任，都可以通过案例研究比较分析得出如下启示：

一是，政府、行业、企业及学校参与的高职教育治理多元主体结构，是高职教育能够顺利开展的基础条件。

二是，提高对高等职业技术教育的治理现代化建设，主要还是要推进立法，由制度体系来明确规范行业企业等经济主体真正参与高等职业教育。

三是，构建国家标准的学历和职业能力互通的资格构架，既是推进高等职业教育可持续发展的基础，又是构建国家终身教育体系的依据。

第5章 高职教育治理多元主体结构设计

在我国，大学从未赢得应有的地位。[①]中国当代大学所处环境非常复杂，政府对于大学存在着政治与经济功能的要求，政府传统管理模式习惯于将大学视作下属机构；社会关注大学，强调大学对社会的服务职责；大学自身的发展规律很难得到认可。教育的过程就是促进人的全面发展的过程，就像刘伟所分析的那样，中国高等教育呈现数量上和制度上的双重短缺。[②]高职教育兼具高等教育和职业教育特性，一方面，高等教育需要满足政治社会发展；另一方面，职业教育需要满足区域经济发展，如何协调多方主体参与高职教育治理，是高职教育治理现代化的必要选择。

5.1 初始条件均衡：多元主体治理模式的现实呼唤

合作开始时存在的条件可能促进或阻碍利益相关者之间，以及机构和利益相关者之间的合作。一方面，利益相关方在一些传统问题上存在着严重分裂的历史认知，并且认为彼此是不择手段的对立者；另一方面，利益相关方对他们希望通过合作取得的成就，以及过去的合作和相互尊重的历史有着共同的愿景。在这两种情况下，合作可能都很困难。我们将关键的初始条件转换到三个广泛的变量：利益相关者必须合作的激励措施、不同利益相关者的资源或权力之间的不平衡以及利益相关者之间合作的意愿。

①董云川．论中国大学与政府和社会的关系[D]．华中科技大学,2002:3.

②刘伟等．发展教育产业是教育改革和发展的要求[M]．北京:教育科学出版社,2000:173.

5.1.1 协同动机激发：高职教育回归公共治理的价值倡导

1．西方大学的公共治理趋势

在西方国家，大学法律地位的确立主要体现在“大学—政府”之二元关系属性上，其核心则是政府赋权大学自治的程度。大学的法律地位往往受到各自国家的文化、历史、社会、政治结构等差异的影响。如果依照法律意义，将大学的独立性加以排序，大学的法律地位包括四种，即私法人、公法人、建筑物法人、非独立建筑物等。

德国大学的发展历程在世界高等教育史上具有重要的影响意义，这是人们所公认的。在德国大学的发展与改革中，大学理念发挥着巨大的指导作用。同时，大学理念还是规定大学的法律地位、形成大学自治制度的基础。诚如洪堡对于大学本质的论述，其认为大学之宗旨乃在于对学问的追求，大学须服务于追求真理这一纯粹性理念。所以，对于独立与自由思想之追求，乃长久以来大学最主要的价值追求。①

德国大学规定为国家机构，政府依托大学，实现一定范围的制约机制：实施监督权，德国政府对大学具有法律上的监督权，实施监督的内容包含大学的各项决议；有承认权，德国政府对大学章程，对选举校长，具有最终决定权；有任免权，德国政府对大学教师的管理等同于对国家公务员的管理，大学任用教师需要得到政府的任命；拥有财政权，政府对于大学的财政拨款具有决定权。政府实施这四种权力，体现现代大学的政府管理结构特点，以及对于大学自治的制约机制。

美国州立大学的法律地位，以及大学自治依然是相对的，虽然美国大学具有一定的公权力，而且有法律的保障，但是，政府对它们的制约还是非常强大的。这种制约作用主要表现在两个方面：一是大学的办学经费管理，州政府的财政拨款是州立主要的经费来源，而财政拨款的决定权在州议会，那么这样的治理结构就能够体现出，州议会参与大学权力的运行和配比；二是大学理事会的组成，理事会的组成需要州议会或州长的任命，具有人事任免权，成为政府直接参与大学治理的另外一个权力运行机制。

美国州立法机关和政府主要通过法律和财政支持调节大学办学，州政府本身并不直接管理大学。美国大学奉行分享治理理念，外行治理、专家治理和共同体治理三位一体，在董事会、校长行政团队和教授会构成的治理结构中，董事会总揽全局，校长行政团队全面负责大学的经营与日常运行，教授会承担学

①高木英明．关于大学的法律地位与自治机构的研究[M]．多贺出版株式会社,1998.

术决策、学术评议等事务，“三驾马车”目标一致、相互作用。[①]

由此可见，西方发达国家大学治理多数归集为政府公共管理领域，侧重政府在土地、资金、人事、监督等方面的管理特点，新时期的大学治理之路有着典型的公共事务治理的特征体现。

2．中国大学的政府管理特色

中国政府与大学的关系表现出高度的控制性特征和集权的风格，以官办性质为主，政教合一贯穿始终。一方面，延续了传统大学管理的习惯；另一方面，新的管理体制未能有效地实现。既然大学没有行使自治管理的过程，那么大学也就缺乏自我监督的自律性。[②]

李江源博士认为，我国政府是高等教育的直接管理者，传统的制度环境影响了制度创新，具体表现为四个方面：一是，国家对社会全面管理，已经形成相对固化的权力结构；二是，长期的国家统管使国家利益成为各方主体的利益代表；三是，国家权力机构集中化，国家政权对社会施行控制；四是，长期只是自上而下的管理层级关系，使国家管理等级机构成为各级政府的代理人，服从关系非常明显。[③]

传统的大学与政府之间是一种内部行政关系，在这种法律政治框架中，公立大学并没有独立的法人地位，政府的权力几乎是无限的。随着大学法人地位的确认，大学将拥有越来越多的权力，但公立大学作为特别法人，必须接受行政法的调节，政府对大学的治理将更多的是一种外部行政。[④]

我国近代大学是舶来品，但我国建设大学的核心精神和价值观念，乃在东西方文化相互碰撞中逐步融合而成。“政教合一”之办学现实高度呈现近现代中国大学与政府之关系属性，体现在中国教育上，就是大学与政治关系密切，无法区分[⑤]，大学与政府的关系紧密，成为我国现代大学与政府关系模式的基本结构。我国大学治理的关键，还是政府予以部分授权给大学的问题。授权给大学后，实现各种学术独立和服务增强的保障，保持传统与探求真理，在我国大学发展过程中没有得到体现。[⑥]

①别敦荣．美国大学治理理念、结构和功能[J]．高等教育研究,2019,40(06):93—101.

②张楚廷．目前中国高等教育的封闭性[J]．湖南师范大学社会科学学报,1992(06):1—6.

③李江源．简论我国高等教育制度的特征及缺陷[J]．高教探索,2001(01):11—15.

④申素平．中国公立高等学校法律地位研究[D]．北京师范大学,2001.

⑤费正清,费维恺．剑桥中华民国史,1912—1949,下卷[M]．刘敬坤,等译．北京:中国社会科学出版社,1994.

⑥刘少雪．我国近现代大学与政府关系的特点[J]．高等教育研究,2006(03):84—91.

我国《高等教育法》的颁布，从法律层面明确了大学的自主权，但是，实际却缺乏政府部门的明确政策支持，大学的独立办学地位落实不够。随着社会经济的不断发展，人们对高等教育需求不断多元化，大学需要兼顾国家管理和市场导向等多方需求。重新梳理政府与大学的关系、市场与大学的关系，是大学治理研究的前提条件。[①]

中国学者成有信从学科建设与学科研究的角度讨论了教育政治学的学科发展问题。[②]学者杨学琼研究了政治文化与政治权力对教育的产生、发展的影响以及这种影响的机制等。[③]从教育法学分析，国家与大学之间的两个法律关系，一是以权力服从为基本原则，以领导与被领导的行政管理为主要内容的教育行政关系，这一类法律关系主要涉及大学与政府的关系属性；二是以"平等"和"有偿"相结合为基本准则，以财产归属权为核心内容建构而成的关系结构，从关系属性的外显特征上看主要为大学和市场的关系。[④]

3．高职教育治理的公共治理需求

教育通常被标志为非营利性组织，具备独立公共领域的本质属性。治理理论认为，教育作为独立的公共领域，本属非营利性组织，但受到其他领域治理思潮的影响，教育领域过度宣扬效率价值及过于强调技术理性，而长期忽略了教育作为公共行政本身理应承担的道德环境营造和民主价值培育等功能。正是在这样的"新公共管理"价值取向的影响下，教育公共属性所应承担的特殊使命被削弱，市场导向愈加凸显。在教育治理中，强调市场导向的效率和效益优先时，教育公平等人类普世性价值追求日渐式微，逐渐失去其作为价值判断规准的功能，而"成本效益"和"手段目的"取而代之成为教育治理的根本出发点。当效率作为教育治理成效的唯一判断准则时，人类发展文明积淀下来的协商与沟通、参与与授权等主要治理范式的功能也在日益消减，其重要性不复存在。[⑤]

从西方公共教育的治理历程来看，可以总结为以下三种主要治理模式：即"规制主导型""市场导向型""服务导向型"。通过政府解制以推动非营利组

①胡建华．大学的法律地位分析——研究大学与政府关系的一种视角[J]．南京师大学报(社会科学版),2002(05):61—67.

②成有信．教育政治学[M]．南京:江苏教育出版社,2000:4.

③杨学琼．教育政治学导论[M]．沈阳:辽宁教育出版社,1992:11.

④劳凯声,郑新蓉．规矩方圆——教育管理与法律[M]．北京:中国铁道出版社,1997:204—209.

⑤罗伯特·B．登哈特．公共组织理论(第三版)[M]．扶松茂,丁力,译．北京:中国人民大学出版社, 2003:176.

织提供公共教育服务。[①]在治理理论的影响下，教育公共治理的特性在公共领域得以确认并实现。[②]公共教育服务的提供，需要不同成员参与，针对服务的主体不同，服务方式呈多样化，除了传统的政府以外，更多私人组织机构将会参与到公共服务的供给中来。[③]

在欧盟的高等教育领域，国家对于教育培养国民民族文化认同感有着明确的要求，并成为大学的基本任务，各国都会控制教育的主权，并通过教育实现欧盟文化的一体化，使民族国家产生共同的文化基石。[④]高等职业教育成为欧盟及其成员国的利益契合点。欧盟及其成员国认为加强文化认同感，维持社会稳定，推进教育公平，推动经济等政策发展方面，对研究高职教育治理具有现实意义。[⑤]

自20世纪90年代以来由于大学的扩招致使地方大学学生人数急剧膨胀，地方大学的数量和规模随之大幅度增长，我国原有的较为稳定的高等教育管理体制机制已经不能很好地适应大众化、现代化以及国际化的需要，亟待突破和变革。2010年3月，我国颁布了《国家中长期教育改革和发展规划纲要(2010—2020)》，明确提出“完善中国特色现代大学制度”，这意味着包括地方大学治理在内的高等教育治理研究由学校单独的自发探索逐渐向“获得政治合法性并进入政策流程”阶段发展。[⑥]首次提出“教育公共治理”的概念，要求“推进政校分开、管办分离”“逐步取消在高校等事业单位中存在的行政职务级别和行政管理模式”“落实和扩大学校办学自主权”，进行“现代大学制度试点”，这是从传统的管理走向现代治理的转折，是高等教育去行政化的良方，为我国高等教育改革提供了新方法和新价值因素，同时也给高校去除官本位、去外部行政化带来了机遇与挑战。[⑦]

我国地方政府从善政到善治的转变过程中，高等职业教育治理追求的是一种教育公共治理，包括政府、行业企业、学校等多元主体，参与教育这个公共领域

①吴景松. 西方公共教育治理范式变革及其启示[J]. 中国教育学刊,2010(11):10—13.

②哈贝马斯. 公共领域的结构转型[M]. 曹卫东,等译. 上海:学林出版社,1999:2.

③乔治·弗雷德里克森. 公共行政的精神[M]. 张成福,刘霞,张璋,孟庆存,译. 北京:中国人民大学出版社,2003.

④李晓强. 超国家层面的欧盟教育政策:影响及其限度[J]. 外国教育研究,2007(08):27—30.

⑤肖凤翔,于晨,肖艳婷. 欧盟教育治理向度及启示——基于职业教育政策分析[J]. 教育科学,2015, 31(06):70—76.

⑥蒋丹,唐华. 中国地方大学面临的挑战:来自治理结构的变革[J]. 山东高等教育,2019,7(03):9—14+2.

⑦徐元俊. 高职院校外部治理:结构·主体·机制[J]. 大视野,2019(02):10—15.

中的治理活动，实现公共利益保障和实现。[①]对于中国特色高职教育治理来说，实现教育善治，也是实现公共领域的善治。[②]高职教育治理以教育善治为目标，强调对社会公平正义的追求。

5.1.2 权力资源诉求：多元主体参与的市场需求

职业教育具有非常鲜明的市场特征，即职业教育的培养目标，就是培养符合企业岗位需求的技术技能人才，满足市场需要、拓宽人的发展途径。从政治发展来看，法律基础对于职业教育起到基础保障性作用；从社会维度来看，社会的多样化发展要求职业教育与之适应，满足社会需求。艾森斯塔德明确现代社会的特征就是获得民众的协同，不仅仅是政府具有参与职能，还要激励民众参与。这在教育群体中对教育产品施加了持续的影响。[③]

职业教育从传统向现代化发展的历程，亦可视为教育治理逐步迈向现代化的过程，在这一发展历程中，教育与其他诸多外部环境相互交织，深受经济、政治、社会与文化等多重因素的影响。因此，研究教育治理议题，宜将其镶嵌于广袤的社会历史脉络中考量，方能发现其规律。

国外关于教育水平、职业类型和工资收入状况三者关系的大量量化研究结果表明，企业招聘人员时教育程度及其专业乃最重要的考查因素。在我国的市场经济中，社会经济发展导致的人才需求与受教育状况相关的工资结构是一种动态的结构。认识这一动态结构是理解我国市场经济条件下高等教育运行机制的起点。[④]

在社会学研究领域，“社会混变”这一概念被用来描述当前出现的这一状况，特指在社会变迁脉络下，社会各子系统及其相互关系呈现的紊乱状态。这一紊乱状态往往蕴藏于社会变革与转型时期。[⑤]政府是体现公共性的一个重要部门，是提供公共教育服务的主体。[⑥]美国在2000年发布了《基金会年鉴》，其中公布了美国当时基金会经营的状况。霍普金斯大学的研究结果也显示，截至1998

①罗崇敏．教育的逻辑[M]．北京:人民出版社,2011:134.

②庄西真．中国特色的职业教育治理体系现代化:起点与内涵[J]．江苏教育,2016(08):17—22.

③S．艾森斯塔德．现代化的基本特征[A]．谢立中,孙立平,译．二十世纪西方现代化理论文选[M]．上海:上海三联书店,2002:175—181.

④闵维方．高等教育运行机制研究[M]．北京:人民教育出版社,2002:53.

⑤吴康宁．教育社会学[M]．人民教育出版社,1997:181.

⑥乔治·弗雷德里克森．公共行政的精神[M]．张成福,等译．北京:中国人民大学出版社,2003:4.

年年底，美国境内的非营利组织创造了大量的就业岗位，共雇佣人员1900万人，其资产总值也达到了10000亿美元，这一数字已经与全球排名第八的经济大国规模相当。[①]

从美国职业教育发展历程可知，社会与市场需求体现为：

一是企业界的需求促成职业教育的形成和发展。在美国，19世纪下半叶至20世纪初期，随着工商业力量的不断扩大，利益集团意识到职业培训课程的重要性。职业培训是满足企业需求的直接保障，美国学校被动接受工商业意识形态，考虑企业和商业的需求，培养具有工作技能和效率的工人。[②]

二是社会中青年人就业问题推动政府发展职业教育。在德国城市化发展的历程中，德国原本稳固的社会结构遭受前所未有的冲击，不断发生巨变。而伴随着产业经济的兴起和新产业的发展，市场经济的力量也日益茁壮。市场力量成为社会稳定的重要影响因素，政府治理结构同样受到挑战。如1900年，埃尔福特皇家应用科学学院曾举行关于“年轻人如何接受恰当的教育”主题的征文大赛，当时凯兴斯泰纳提交的论文在大赛中获胜，这篇文章也被后人视为德国职业教育发展的理论奠基之作。凯兴斯泰纳提出，应当将学校视为学生继续接受教育的场所，让学生习得一技之长，培训学生获得实践技能，以防止这批学生参与到革命和街头暴乱之中，教育在这一过程中具有稳定社会之功能。凯兴斯泰纳继而强调，为公民提供职业教育乃当时最佳的公民教育方式，这不仅可以解决公民能力和实践技能方面存在的缺失，还可以间接引领学生朝向某一兴趣领域发展，造就德国经济社会发展所需人才。

三是立法机构和政府通过法律和政策推动职业教育的均衡发展。德国《职业教育法》对各主体参与职业教育和职业培训所应承担的责任、义务和权力有了清晰明确的阐述，职业教育也反映了各主体的利益均衡的原则。比如，德国职业培训条例在共识原则下，不断产生新的条例，多元主体雇主、行业协会、工会和联邦及州政府的共同认可，是推动培训条例产生的根本途径。

职业教育的推进与发展就是完成不同主体权力结构安排的过程，职业教育涉及的利益群体复杂，只有在长时间的利益冲突及博弈之后，才能最终推进职业教育现代化进程。[③]

---

①资中筠. 财富的归宿:美国现代公益基金会述评[M]. 上海:上海人民出版社,2006.

②S. 亚历山大·里帕. 自由社会中的教育:美国历程/第8版[M]. 於荣,译. 合肥:安徽教育出版社,2010.

③李俊. 论职业教育中的利益与权利均衡——浅析职业教育现代化的社会维度[J]. 清华大学教育研究,2013,34(02):96—101.

通过现代化建设，可以观察社会变迁如何适应或导向进一步的社会变迁。正如克利福德·格尔茨指出，尽管作为一种经济过程的发展属于一种剧烈的革命性变迁这一点是真实的，但是作为一种更广泛的社会过程，它并非如此。从经济的角度来看是一种巨大的飞跃，但从一般的社会角度来看，它仅仅是在相当长的时期内逐渐积累的过程在经济领域的最终表现。可见，人力资本或社会资本的重要性，相较于物质资源，人力资本或社会资本对于社会现代化发展更为重要。①

如若各治理主体在参与协同治理过程中没有具备相应的能力、地位或者资源，或力量悬殊，那么这一过程行为者弱势方则容易遭受强势方的操控与摆布。这种治理力量的不对等和不均衡将直接导致治理行为者各方出现不信任、低投入、低热情等状况。而当协同治理过程中部分主体逐步丧失话语权而不得不沉默之时，这类治理的失衡现象就会更为剧烈。②

5.1.3 协同合作意愿：高职教育可持续发展的社会需要

联合国可持续发展委员会于1996年在纽约举办了第四届年会，会议确定了“Education for Sustainable Development”这一核心概念，作为可持续发展教育的权威表述，这一表述也得到国际共识。这次年会全面讨论了可持续发展教育的相关议题，并总结了五项基本特点：其一，可持续发展教育的起点乃人人皆有参与教育的权利；其二，可持续发展教育不同于传统的单一学科教育，其具有跨学科属性和全面综合性；其三，高度重视与不同学科的关联；其四，重视实践教育；其五，重视终身教育，秉持教育乃贯穿于人类一生的教育。会议还颁布了促进教育、提高公众认识、为公众提供培训的工作纲要，以保证公众、公共部门有足够的动力和意愿支持和实现可持续发展教育。③

可持续发展教育是人类可持续发展的重要支柱。知识传递是教育之首要功能，人类在漫长的发展历史中，在人文社会科学、自然科学等关键领域积累了大量瑰宝，使得人们能能理解人类与自然的相互依存体系。④可持续发展教育，是人类社会可持续发展的基本条件之一，也是人类社会实现可持续发展的主要路径和核心

①戴维·E. 阿普特. 现代化的政治[M]. 陈尧,译. 上海:上海人民出版社,2011.

②田培杰. 协同治理:理论研究框架与分析模型[D]. 上海交通大学,2013.

③田道勇. 可持续发展教育理论研究[D]. 山东师范大学,2009.

④世界环境与发展委员会. 我们共同的未来[M]. 王之佳,柯金良,等译. 长春:吉林人民出版社,1997.

工具。正是由于人类逐步意识到持续发展教育对于人类社会与自然环境协调发展的巨大功用，当学校教育呈现诸多弊端，国际社会才日益倡导通过各国有效协作，共同致力于可持续发展教育，实现人类社会共同迈向更高水平的目标。

联合国可持续发展教育协会颁布了通过教育发展促进国际社会可持续发展的十年实施计划，强调所谓可持续发展，其本质上乃人与人、人与环境之间的关系结构问题，更是经济、社会、政治、文化等多重交融的问题。这其中，人的因素被广泛认为是国际社会可持续发展的核心因素，需要各国打破国度疆界，共同努力维护和教育公民，强调公众对于可持续发展的重要性和必要性，以及通过教育向公众阐明可持续发展和生存的基本准则及行动策略。①通过实施可持续发展教育，形塑受教育者对于可持续发展的观念与态度，形成正确的价值体系。而教育则是推展可持续发展价值体系的行之有效且经济便捷的最佳路径，学校教育在形塑学生价值观和行为规范中承担着十分重要的角色。

可持续发展的教育价值主要体现在教育价值的外在满足与受教育者教育价值的内在需求之间的统一关系，乃教育活动的本质属性、教育者与受教育者之间互动的良好范式。而到底何为可持续发展教育，其主要特征为何？学者们认为其应具备任何形式的高质量、高效率学习共有的特征，除此之外，其独有的特征则是教学的过程必须旨在培育学生可持续发展的观念与态度。②

从可持续发展教育的功能上看，其主要是提升公众对于可持续发展的哲学意涵的理解，从而引导人们做出更符合民主、自由原则的选择。③在满足公众可持续发展教育个体需求的同时，将可持续发展教育汇聚成人类社会共同的群体价值。可持续发展教育的内涵非常丰富，主要内容包括培育公众的民主、自由和正义等社会政治价值和理念，强化公民和谐处理个体需求、公众需求和他人需求的意识与能力，确保公民在满足个体发展需求的同时，不会危及他人和群体利益；此外，还包括尊重和包容其他民族、文化、信仰，维护未来发展利益，实现人类社会永续发展的宏大理想等。

①世界自然保护同盟,联合国环境规划署,世界野生生物基金会．保护地球——可持续生存战略[M]．国家环境保护局外事办公室,译．北京:中国环境科学出版社,1992.

②联合国教科文组织文件（2005年1月）:《联合国教育促进可持续发展教育十年（2005—2014）国际实施计划》,由中国联合国教科文组织全国委员会、联合国教科文组织北京办事处、北京教育科学研究院可持续发展教育研究中心等组织翻译.

③赫克尔,斯特林．可持续发展教育[M]．王民,等译．北京:中国轻工业出版社,2002.

5.2 系统环境构建：高职教育协同治理主体的共识集聚

5.2.1 协同信任起点：基于教育目的的价值考量

政治与文化等外在因素影响着教育目的与目标，社会文化与制度结构也潜移默化地渗入教育目的的确立过程，因此，不受制度和文化影响的教育目的和目标是不存在的。关于教育与文化之关系，不少学者进行了论述，大部分研究者认为教育是文化结构的外在反映，同时，它还具有促进制度结构稳定和社会发展的功能。因此，不同社会脉络中，文化结构的不同也会导致教育目的存在差异，而当文化结构发生改变，教育目的也会受到影响并产生变化。诚如杜威所言，教育的过程本身就已经是目的。

虽然教育目的广受其他因素影响，但从教育目的的合理性上看，定位为培育“人”更为恰当。教育的整体目的从本质属性上讲应归属于价值体系，具有浓烈的人文特质，以受教育者个体理想和价值追求为终极目标，因此，教育目的的确需要高度关注受教育者生命主体性的发展、关照生命个体的完善和整体福祉提升，这应属于全人类社会发展教育的共同的价值追求和信仰。而教育目的中的显示属性、时代属性和个别属性等非根源本质属性则可伴随社会政治、文化结构的变迁而保持动态变化，以保障“人”的培养符合不同的社会情境和脉络，回应社会和文化结构时代属性的需求。因此，在教育目的的“变”与“不变”间，本质属性上要保持教育的高稳定性和强超越性，以彰显教育对于培育“人”的根本定位。[①]

关于教育目的，不同学者持不同观点。如苏格拉底认为，教育乃在于造就治国人才。怀特海在《教育的目的》中提出教育目的是培养人民健全人格，使其成为具有国家意识与国际视野的现代化国民。教育是教人民如何运用知识这门艺术，而这是一种很难掌握的艺术。[②]劳伦斯·库比的教育目的观与怀特海存在异曲同工之妙，他强调教育就是要培养一个具有帮助能力的人，使之成为人性正常的人。沛·西能著有《教育原理》一书，他认为教育目的乃通过一定的教育过程，协助儿童发展个人能力。[③]

①扈中平. 教育目的应定位于培养“人”[J]. 北京大学教育评论,2004(03):24—29.
②怀特海. 教育的目的[M]. 庄莲平,王立中,译. 上海:文汇出版社,2012:79.
③沛西·能. 教育原理[M]. 王承绪,赵端瑛,译. 北京:人民教育出版社,2005:91.

教育目的的人性基础是价值体系，教育需要从工具性转移到教育承受者自身，通过人的不断发展进步，从而推动社会的持续发展。①确立教育目的，应当以可持续发展教育目的的逻辑作为设计的出发点，并以此建构可持续发展教育目的的方法论体系。而教育目的的逻辑起点，应以教育的根本矛盾作为教育目的的出发点和最终归宿。②

教育目的体系的不同组成部分及其交互关系构成教育目的结构。从教育目的的主要构成要素看，大致可分为两个部分：其一，明确教育对象身心发展的培养水平；其二，明确教育对象应当形成的共同价值。可持续发展教育的目的则是使每个生命个体得以实现其身心发展，并从价值追求上获得为社会和未来做贡献的情感与态度。③因此，从教育目的结构上看，可持续发展教育应包含如下两项要素：一是满足生命个体对于可持续发展的身心发展需求；二是形塑个体为未来和未来社会发展做贡献的价值态度。

5.2.2 协同行为基础：教育治理的行动导向

教育治理乃教育管理的理想状态与目标追求，它是教育内部不同管理要素之间和谐调配、高效运作后的一种理想状态，因此，教育治理从本质上仍属于教育管理的范畴，乃教育管理的高级状态。④

大学治理是一个结构性强、动态发展的过程，西方学者对于大学治理研究的关注点主要在于利益相关者对大学内部资源和权力整合与配置的过程与结构。伯恩鲍姆的大学治理理论认为，大学一般可分为两个体系：一是大学的理事会和行政系统，其存在的基础乃行政的法律权威；二是教师系统，其存在的基础乃教师的专业权威。而大学治理的核心任务主要是实现行政系统和教师系统间微妙、均衡、协调的治理结构和过程。

大学自治在近代化过程中逐渐演变成国家主导型、专业中介型和社会参与型三种治理模式。美国大学办学之所以能取得成功，乃在于大学高度自治与实行市场机制的有效融合，在治理上充分凸显政府引导、院校自治、社会组织参与、专

①沛西·能. 教育原理[M]. 王承绪,赵端瑛,译. 北京:人民教育出版社,2005:91.
②扈中平. 教育目的论[M]. 武汉:湖北教育出版社,2004:134.
③世界自然保护同盟,联合国环境规划署,世界野生生物基金会. 保护地球——可持续生存战略[M]. 国家环境保护局外事办公室,译. 北京:中国环境科学出版社,1992.
④李福华. 大学治理的理论基础与组织架构[M]. 北京:教育科学出版社,2008:14—26.

业高度自主、公众选择等多元主体治理格局。哈佛大学德里克·博克校长曾经说过，美国大学治理体系具有较为鲜明的特色，即学校自治充分、大学之间没有恶意竞争、教师学生适应市场需求，促使美国大学具有全球领先水平。①

中国的高等教育治理模式在高速发展与变革中逐渐发展，根植于中国建立现代大学制度这一高等教育发展历程。纵观中国高教发展历史，中国院校治理倾向于采取科层体制，行政化、权威化管理思维取代现代院校治理逻辑。而权威化、行政化的管理模式直接导致了中国大学的学术创造力和创新能力的下降，与西方发达国家大学的创造力相比差距巨大，为此，变革大学管理模式，去行政化以实现现代大学自治成为各界共同的呼声。②当前，各界的共识乃期许通过建立现代大学章程，引领大学从行政化迈向治理。③因此，大学治理被广泛解构为内部治理体系和外部治理系统。大学外部治理的关键在于政府作为治理主体，要帮助大学明细大学的办学性质、定位、社会功能和职责定位等，实现大学的独立法人化，为大学办学建立规范有序的政府管理、社会发展等外部环境。在内部治理系统中，则主要是大学不同治理主体间权力均衡与配置、民主决策、沟通与协调等问题。④

我国公办高职院校大多是由省级与市级地方政府主办，其人才培养的定位是服务于地方经济建设的技能技术型人才，因此，高职院校与地方党委和政府、行业企业、社会组织、科研院所等外部利益相关者有着天然的联系。外部治理结构就表现在高职院校与外部多元利益主体间正式的、非正式的关系和权责利划分，并且通过一系列的配置机制使各利益相关者在权力、利益和责任上相互制衡，谋求实现高职院校外部效率与公平的合理统一。

5.2.3 协同模式共塑：基于教育治理现代化的实践路径

当代教育发展面临更为多变的内外部环境，要保障职业教育体系能高效运作，现代化的教育治理体系保障必不可少。有效的职教治理体系须根植于现实情境，着眼于解决现实难题，并形成价值引领、制度结构活力、体制保障和运行机

①德里克·博克．美国高等教育[M]．乔佳义,编译．北京:北京师范学院出版社,1991:1—25.
②陈鹏,刘献君．我国公立高等学校法人治理结构的缺陷与完善[J]．教育研究,2006(12):45—50.
③马陆亭．制定高等学校章程的意义、内容和原则[J]．高校教育管理,2011,5(05):1—6+11.
④盛正发．大学治理结构研究的综述和反思[J]．集美大学学报(教育科学版),2010,11(02):68—71.

制等不同环节的协作系统。因此，建构现代化的职教治理体系乃保障职业教育发展不偏离轨迹的重要基础，如何实现治理体系现代化也成为制约当代职教发展的主要障碍。①

教育现代化是社会现代化的关键组成部分，其中，人的现代化是现代化的核心。现代化建设最关键的转变还是教育观念的转变，要有现代化的教育观念、现代化的教育制度、现代化的教育内容和方法。顾明远提出教育现代化的八个特征：教育的广泛性和平等性；教育的终身性和全民性；教育的生产性和社会性；教育的个体性和创造性；教育的多样性和差异性；教育的信息化和创新性；教育的国际性和开放性；教育的科学性和法制性。②

从本质上来讲，大学治理体系现代化不单单是大学治理体系形式的现代化、技术性的现代化，更是实质的现代化、价值的现代化。具体来说，首先，大学治理体系现代化是“大学”的治理体系现代化，而大学有其自身的特殊性，自治是大学一直以来的核心理念，因此大学治理体系现代化应密切关注自治价值，维护和保障大学的相对独立性和自主性以及学者的基本学术自由权利。也就是说，大学治理体系现代化首先应当追求自治价值。其次，由于现代大学早已不是单纯的学者共同体组织，而成为具有多元利益相关方的利益相关者组织，所以，大学治理体系现代化应追求多元共治价值，实现大学价值与社会价值以及行政价值与教育价值、学术价值的有机统一。最后，现代大学还应该是民主组织，民主是现代大学的重要理想，大学治理体系现代化应追求民主治理价值，实现大学治理的平等化、民主化，增进多元治理主体的民主参与。大学治理体系现代化，实质上是其自治价值、多元共治价值和民主价值对立统一的历史过程。③

教育现代化是适应现代化社会的一种教育。教育现代化的核心是教育主体的现代化。2014年6月23日，习近平主席专门对职业教育工作做出批示，“职业教育是国民教育体系和人力资源开发的重要组成部分，是广大青年打开通往成功成才大门的重要途径，肩负着培养多样化人才、传承技术技能、促进就业创业的重要职责，必须高度重视、加快发展”。国务院专门召开全国职业教育工作会议，并在《关于加快发展现代职业教育的决定》中提出，到2020年，形成适应发展需

①李进．论现代职业教育体系的治理现代化[J]．中国高教研究,2014(11):19—24.

②顾明远,马忠虎．教育现代化:中国教育改革和发展的路径与愿景——顾明远教授专访[J]．苏州大学学报(教育科学版),2014,2(01):1—5+126.

③唐世纲．我国大学治理体系现代化的价值审视[J]．现代教育管理,2019(06):18—22.

求、产教深度融合、中职高职衔接、职业教育与普通教育相互沟通，体现终身教育理念，具有中国特色、世界水平的现代职业教育体系。

近年来，以联合国教科文组织（UNESCO）、经济合作与发展组织（OECD）和欧盟为代表的国际组织对职业教育治理给予了很大关注，并从地区和国际层面针对职业教育治理进行了深入研究。2012年5月，联合国教科文组织在上海召开第三届国际职业教育大会，会议核心文件《职业教育的转型：培养工作与生活技能》特别强调了职业教育管理变革的重要性和基本路径，指出善治是职业教育实现成功改革的先决条件，推进善治的途径包括将职业教育纳入相关战略、下放权力、使利益相关方结成积极的伙伴关系、开发质量保障程序以及为制定政策改善证据基础等。[①]根据国际社会的研究，有效的职业教育治理需要解决三方面问题：政府机构怎样共同承担对于职业教育的责任；为促进职业教育与培训体系的协调发展及职业教育机构与外部利益相关者间的交流与合作，政府设立了哪些国家交流、合作与协调机构，如权威机构、委员会、相关协会等；是否形成了对整个国家职业教育总体供给情况的监测体系。[②]

为着手解决我国现行职业教育治理体系中存在的主要问题，以治理理论的主要观点作为主要分析框架，结合国内外职业教育治理的理论研究成果和治理实践趋势，研究者认为可从治理体制机制现代化、治理制度结构现代化、治理法规体系现代化和治理监管体系现代化四个层面建构我国职教体系治理现代化的核心框架。[③]

5.3　三维主体结构：高职教育协同治理主体的协同机制

欧洲培训基金会对不同国家的职业教育治理情况进行了综合研究，结果显示职业院校利益相关者之间建构起的高效、融合、互动的多层次治理范式，对于提

①第三届国际职业技术教育与培训大会主要工作文件．职业技术教育与培训的转型:培养工作和生活技能[R]．联合国教育、科学及文化组织,2012.

②谷峪,李玉静．现代职业教育治理:框架构建和内容解析[J]．职业技术教育,2015,36(16):8—13.

③李玉静,谷峪．国际职业教育治理的理念与实践策略[J]．职业技术教育,2014,35(31):78—83.

升职业教育办学成效，提高培训政策体系执行效率具有显著的促进作用。

英国行业协会的研究认为，从实施的角度来说，建立职业教育治理机制的过程是在职业教育利益相关者及特定主体间建立明确的交流及合作机制。这些主体包括政府或教育管理者、教育与培训机构、劳动力市场和社会合作伙伴（雇主或工人利益组织，如雇主组织或行业协会）等，主体的一方是职业学校和教育管理者，另一方是以雇主和员工组织为代表的社会伙伴，其关键是在这些主体之间形成有效的交流方式。最有效的职业教育治理模式注重社会合作伙伴对职业教育的参与，积极加强治理相关主体间的交流对话。其主要有以下特征：有效、透明的交流过程；利益相关者（社会合作伙伴：包括政府，以雇主协会、行业协会为代表的社会合作伙伴，职业学校，企业等）的广泛参与、包容性与合作机制；研究本位的决策过程；开放性、反应性、适应性和灵活性；能够根据劳动力市场需求的变化，不断更新、调整职业教育的供给模式、课程和资格等，实现职业学校与劳动力市场的需求的有效匹配。①

结合我国现有高等职业教育治理的实际情况，职业教育治理的共同体主要包括政府机构、高职院校、行业与企业、社会组织、公众等利益相关者组成的多元主体，其建构的基础是有共同的治理信仰和价值追求。其中，地方政府机构、行业与企业、职业院校构成治理主体中的三元核心主体，也是职业教育的主要参与者和治理变革的推动者。

职业教育治理共同体将治理主体间的追求与意志相融合，共同体的主体成员共同建构主体共性治理规准和价值追求体系，并产生价值与规准的内化，产生基于共同追求的治理外显行为，通过建立高效的对话与谈判、沟通与协作等集体行为路径，建立共享、开放、互惠的职业教育治理格局，达成协同治理的教育治理目标。因此，建构共生的职教治理共同体是实现职业教育治理现代化，发挥当代职业教育治理模式功能的必然路径。②

2018年2月5日，教育部、国家发展改革委、工业和信息化部、财政部、人力资源社会保障部、国家税务总局六部门印发文件《职业学校校企合作促进办法》教职成〔2018〕1号。文件明确指出：校企合作是指职业学校和企业通过共同育人、合作研究、共建机构、共享资源等方式实施的合作活动。发挥企业在实施职业教育中的重要办学主体作用，校企合作实行校企主导、政府推动、行业指导、学校企业双主体实施的合作机制。国务院相关部门和地方各级人民政府应当建立

①李玉静,谷峪．国际职业教育治理的理念与实践策略[J]．职业技术教育,2014,35(31):78—83.
②赵军,马庆发．“职业教育共同体”理论探究[J]．教育与职业,2013(02):8—10.

健全校企合作的促进支持政策、服务平台和保障机制。国务院教育行政部门负责职业学校校企合作工作的综合协调和宏观管理，会同有关部门做好相关工作。县级以上地方人民政府教育行政部门负责本行政区域内校企合作工作的统筹协调、规划指导、综合管理和服务保障；会同其他有关部门根据本办法以及地方人民政府确定的职责分工，做好本地校企合作有关工作。行业主管部门和行业组织应当统筹、指导和推动本行业的校企合作。

5.3.1 地方政府主体：高职教育治理的主导者

我国现代职业教育治理体系现代化的主要目标是：逐步建立分级管理，实现以地方为主要推动者和实施者、政府统筹与引领、社会组织有效参与的现代化管理体制，逐步使政府机构、高职院校形成基于协同治理的社会新型关系，推动职业教育管、办、评剥离，实现政府职能转变，建立起“高效运转、规范有序和系统全面”的现代化高职教育治理系统，逐步提高职业院校行政效率、职业院校内部治理能力，提升职业院校办学效益，建构起“政府宏观管理、学校自主办学、企业积极支持、社会广泛参与、职能边界清晰、多元主体共治”[①]的现代化职业教育治理格局。

面对地方政府大刀阔斧的行政管理体制改革以及国家教育行政管理部门对于管理高等教育范式的变革，省域教育行政管理机构与高等教育机构之间的关系模式也不断发生变化。所有高职院校的管辖权都由省级政府统筹。在教育外部环境不断更迭、教育资源争夺不断加剧的情况下，政府功能的发挥尤为重要，政府通过建立有效的宏观治理环境，有助于实现社会整体效益最大化的发展目标。通过建构共享、融合的格局，选择科学合理的发展战略，并协调市场融入机制，能有效调动市场参与职业教育的互动，促使职业教育办学方向与经济发展方向保持良性互动。因此，政府需要逐步建立权力分配清单，规范各级各类政府机构的权责范围；同时，又需注意不同权力类型的局限性；亦需强化权力监管，防止权力在教育治理过程中被不当使用。

推进省域高等教育现代化建设，既符合地方经济社会发展的迫切需要，也是

①袁贵仁. 加快推进教育治理体系和治理能力现代化[J]. 人民论坛,2014(13):10—13. 等教育,2014 (3):4-11.

社会现代化的重要组成部分。[①]职业教育和普通教育的最大差异，是职业教育的教育类型以实用主义为价值导向，其与社会经济发展的互动和个人职业生涯的联系更为密切。[②]现代职业教育具有二重属性，既具有教育本质的公共属性部分，又存在教育利益相关者的私人属性部分，这在政府的管理行为中的体现，则是职教治理机构涉及政府多元化管理部门。根据高职教育的管理范围，在省域政府层面，可以全面统筹区域职业教育体系现代化建设，而高职教育是职业教育的高级阶段，具有引领和示范作用。

5.3.2　社会组织主体：高职教育治理的参与者

随着高等教育的社会地位不断提升，社会各界参与高等教育内外部治理的范围和深度也在逐渐发生变化，并呈现出新的特征。高等教育治理的参与面日渐广阔，社会参与高教治理的呼声高涨，公众日益认识到高等教育治理对国家经济发展、社会文化繁荣和国际竞争力提升具有重要作用，对国家行政管理体制的变革更是具有直接推动作用。扩大高等教育治理的参与，实现教育治理的多元主体格局，是中国高等教育善治的前提条件，而这需要政府、高校和社会各界协同努力。

从社会组织来看，首先，政府应予以政策激励行业企业参与到高职教育治理中，职业教育人才培养规格需要适应市场岗位需求，行业企业是人才标准的制定者和检验者，政府需要给予政策支持；其次，政府需要委托社会第三方机构开展职业教育治理评价活动，促进职业教育发展的监督评价机制形成；最后，政府需要激励广大民众参与到职业教育治理中，塑造职业教育推进人的持续发展和终身教育的理念，实现职业教育的可持续发展。

根据高职教育利益相关者分析，社会组织的主体主要包括行业、企业、第三方机构、民众等。王名等学者认为，行业协会应该是代表行业成员意见的协调机构，具有非营利性特征；行业协会也是行业成员的利益代表者及利益维护者。[③]从治理的角度来看，行业协会是克服政府失灵与市场失灵的有效组织形式，是联结国家、市场、社会的一种治理机制[④]。

①丁晓昌．推进省域高等教育现代化建设的思考[J]．中国高教研究,2013(12):6—10.

②约翰·杜威．民主主义与教育[M]．王承绪,译．北京:人民出版社,2001.

③贾旻．行业协会参与现代职业教育治理的合理性探析[J]．中国高教研究,2016(02):106—110.

④鲍勃·杰索普,漆芜，译．治理的兴起及其失败的风险:以经济发展为例的论述[J]．国际社会科学杂志(中文版),1999(01):3—5.

企业则具有明显的市场性，它作为发展经济的主体，进行的是以营利为目的的市场行为。在高职教育治理中，调动企业参与、资源配备、人员关注等，需要政府协调不同利益主体的需求。德国的成功经验表明，企业参与高等职业教育并在其中发挥主导作用，需要国家给予必要的制度和组织保障。德国在政府层面上建立了行业占主导地位的组织机构，并在国家、州和地区层面建立了行业培训咨询委员会体系，在制度上保障了行业企业对高等职业教育的指导以及高等职业教育与企业的有机联系。在此过程中，政府自始至终起到了关键的指导性作用。德国政府出台了具体且有高度可操作性的《职业教育法》，在法律条款中确定了以企业为核心，以企业技术培训为主、学校教育为辅的联合运作机制。政府通过建立体制机制、制定政策法规以及提供经费等途径为高等职业教育的发展提供良好的外部环境与教学保障。因此，政府出面干预、指导企业与高职院校的合作，积极推进校企合作与产学研结合的制度化显得尤为重要。一方面，政府在宏观管理高等职业教育的条件下，应尽快出台行业企业参与高等职业教育的相关配套文件，加快立法步伐，树立行业协会的法律地位和权威性，充分发挥其作用，使其成为政府、企业、高职院校之间的中介组织和主导部门，使行业企业在机制上、法律上、社会角色上包括经费投入等方面，能合理合法地、有效地介入高等职业教育，并有可供操作的政策法规加以保障。另一方面，政府部门要进行管理创新，切实克服政出多门的弊端，从建立一流高等职业教育体系的角度出发，设立由行业企业主导和参与的、开放多元的国家高等职业教育与培训委员会，协调管理职前职后的高等职业教育。

5.3.3 高职院校主体：高职院校治理的责任者

高职院校是高职教育的具体教育活动执行机构，一方面，需要通过地方政府提供教育教学所需的各种资源，服从政府公共服务的要求；另一方面，需要协调校内外利益相关者，通过利益均衡，提供职业教育服务供给。

学者褚宏启认为，教育的行政权力配比和运行包括两个方面：从上下层级关系来看，省区市各级地方教育行政部门具有教育政策、教育规划、教育执行、教育监督、教育评价等归属管理关系，同时，高职院校也受所属教育部门的业务管理；从平行层级关系来看，高职院校受到所在地方政府的多个行政职能部门的直接或者间接管理，如财政部门的资金预算、资金使用、资金决算等，教育局的教育教学过程监督、教育质量评价等，组织人事部门的干部人事安排、薪酬统计、考核评价等。高职教育治理由地方政府主导，协调各治理主体的关系结构，才能充分发挥各自的资源调配能力，从制度结构上促进高职教育治理的持续发展。

高职教育已占据我国高等教育的半壁江山，在由规模发展向内涵式发展的转型中，快速扩展所遗留的内部治理困境日显突出。首先，作为本科院校的“压缩版”，高职院校内部权力架构与本科类高校高度同构，但由于起点低、沉淀少以及资源限制，高职院校难以像本科院校一样建立较为完善的各种权力组织体系，党政合署情况普遍，党政重叠更加严重。其次，相对于本科院校，教育管理部门对高职院校的把控、干预更加直接和具体。高职院校因基础差，在快速扩张的过程中对政府的资源更加依赖。为争取获得更多的财政投入、顺利通过评估、进入“示范院”或“骨干院”的行列以及争取更多“示范性专业”和“精品课程”品牌等，常常要集全院的资源进行攻坚，这无疑需要行政权力的“强制性”才能得以实现，从而使行政权力更具“绝对性”。再次，虽然高职院校都建有“学术委员会”等组织，但由于高职院校在我国高等教育体系中的层次和地位，以及高职教育办学定位与价值取向，难以形成学科上的权威，没有职称评定等权力，难以体现学术上的权力，“学术委员会”对行政的依附性更强，执行性的特色更浓。在教育部近期出台的《高等学校学术委员会规程》中，实施院校没有包含高职院校，也是有这方面的原因。

从高职教育内部治理主体来看，有学者将高校内部权力划分为政治权力、行政权力和学术权力，政治权力表现为学校党委会，行政权力表现为校长办公会，学术权力则是学术委员会和民主权力通过工会等体现。[①]高职院校内部治理结构，就是要在学校党委领导下，对于学校其他权力进行配置与运行机制设计。[②]

构建职业教育治理共同体需要以实现整体利益的“最大公约数”为出发点，整合不同主体的利益诉求，协调好不同主体的利益关系，通过不同的职责分工，不断增强多元治理主体的认同感和责任感。首先，就政府而言，在职业教育治理共同体的构建中，应承担起主体责任和主导作用，发挥对多元治理主体的协调职能，通过制定政策对职业教育进行宏观调控而非微观介入。其次，就行业协会组织而言，要发挥其对职业教育治理和发展的指导作用，为职业教育治理和发展提供政策咨询和建议，成为职业教育校企合作的推动者和协调者。第三，对于企业而言，其职责是参与职业教育人才培养，为学生提供实习、就业机会等，而职业

①王学海．学术权力概念及学术权力主体辨析[J]．黑龙江高教研究,2004(03):14—17.

②别敦荣,唐世纲．我国大学行政化的困境与出路[J]．清华大学教育研究,2011,32(01):9—12+24.

院校要为企业提供符合其发展需求的毕业生，不断降低企业的人才培养成本，为企业的技术研发、产品更新提供智力服务支持。总之，只有明确了职业教育多元主体的权责关系，妥善处理和协调各方利益关系，才能进一步实现职业教育治理共同体的治理效能最大化。[①]

高效治理模式建立的关键策略，是在政府层面形成明确的法律规定，对职业教育决策或运行中关键利益主体的职责给予明确界定，在此基础上，加强职业教育机构间及其与工作组织、行业企业的交流对话，形成关于未来职业教育发展需求的有效、透明、及时、开放的传递机制。

①刘韬．教育治理现代化视阈下职业教育治理共同体构建[J]．职教论坛,2016(13):70—76.

第6章　高职教育协同治理运行机制设计

加强和改善大学治理是全世界高等教育面临的重要问题。[①]学者石中英、褚宏启、张志勇等政协代表，提出教育治理需要调整教育行政权力存在的问题，从教育管理转向教育治理，构建教育治理的权力优化配置及运行机制。这就需要我国政府行政部门主导，协调各方利益相关者参与到高职教育治理的规划、建设及决策过程中来，形成协同治理的格局，不断满足政治、社会、经济和个人的发展需要。

构建高职教育协同治理模式，核心是治理结构设计。首先，充分认识高校从教育管理到教育治理转化的意义。教育治理是教育管理的一种高级形态，是多方参与的过程，表现出教育治理主体多元化，即教育应该由政府主导，同时社会、家庭等非政府组织参与，在政府、社会、学校等三方的互动下实现教育治理成效的最大化。教育管理现代化创造了从教育管理到教育治理转变的环境，反映教育的民主化和教育治理能力的现代化。其次，教育治理能力的提高是转变的关键。教育治理能力的高低与教育管理现代化创造的环境有密切关系，教育管理的现代化程度会提高教育治理的能力。再次，教育治理能力提高的另一个关键问题是要处理好多方面的关系。这就需要学校政府与社会共同参与，既要调整好政府与学校的关系，也要完善高校内部治理机制。

①赵欣,张胤. 守望与摒弃:依附理论视阈下高校学术与行政权力制衡关系的理性诠释[J]. 黑龙江高教研究,2011(07):28—30.

6.1 主体关系协调：高职教育协同治理主体的内外交互系统

外部环境是协同治理中的重要影响条件。教育治理的外部环境包括了国家社会经济发展水平、已有的完善的法律政策体系、具有一定民主意识的广大民众。这些是与高职教育治理密切相关的环境因素，对高职教育协同治理有直接的影响：一是，外部环境决定了是否具备高职教育协同治理的条件；二是，不同的外部环境对于协同主体产生不同的影响，对于协同治理主体关系产生影响；三是，外部环境直接或间接影响协同治理的目标是否能够完成；四是，外部环境一旦发生改变，将影响协同主体的不同改变，对协同主体关系结构影响极大。

6.1.1 治理模式建构：地方政府主导的协同治理模式

英国著名学者威廉·L. 米勒、马尔科姆·迪克森和格雷·斯托克认为，地方治理是提供有关地方的公共服务。孙柏瑛教授认为，地方治理是应对地方的公共问题的改革与发展过程。地方问题的解决依托于政府组织，通过政府组织调动地方资源，提供政策支持；地方问题的解决依托于社会组织，各种社会组织是社会组成元素，具有贴近公民生活的特点；地方问题的解决依托于民间组织，公民参与的组织能够在多层次的地理空间内对公共问题进行解决。

目前从概念分析来看，“地方治理”与“地方政府治理”没有明确区分，如李超、安建增①等论述“地方政府治理”概念时，就是使用有关“地方治理”的概念。地方治理是国家治理实践的前沿，国家治理理论需要经地方治理实践来检验，也需要地方治理实践来推进理论发展。

同时, 目前也极少有对 “地方政府治理”下定义的。实际上“地方治理”与“地方政府治理”二者关系虽然密切但并不相等，二者的视角、范围不一样，“地方治理”的范畴更大些, 主体还包括除地方政府外的第三部门、私人组织等, 强调多主体的合作对地方公共事务的治理；而“地方政府治理”主要指在治理理论的指导下，地方政府如何通过分权、重组等改革提高能力，以适应全球化等不

①李超,安建增. 论我国地方政府治理的模式选择及其对策[J]. 陕西理工学院学报(社会科学版),2005(01):24—28.

确定因素的挑战；如何促进公民参与；如何促进多中心网络的建立、发展；如何在多中心合作中起到核心作用，以更好地处理地方公共事务，促进整个地方治理的发展过程。当然，在中国目前仍主要以地方政府为治理中心，地方治理主要是地方政府的治理，中国学者特别强调政府在治理中的作用和贡献。

中国职业教育基于地方政府统筹管理，高职教育是职业教育的高级阶段，也是由省市地方政府主管和统筹。研究高职教育治理，核心问题就是治理主体的关系构建，尤其是政府、社会、学校之间的关系。一方面，各级地方的党委领导是治理的最高权力来源，要求学校提供政治、人事等公共服务职能；另一方面，市场组织和职业教育有着天然的利益关系，对学校的权力运行产生直接作用。这就意味着国家需要让渡一部分权力，构成新的权力结构。中国国家现代化建设与高等教育现代建设，体现出政府、市场组织、学校互动的复杂关系。[①]

就现代国家建构来看，中国的国家现代化建设，是国家与社会基于合作基础上的“强国家－强社会”逻辑走向。以中国为代表的后发国家在国家与社会关系上逐渐呈现出与众不同的理论形态和实践趋势。国家和政府不作为必然会给公众留下“恶”的形象。相反，无论是基于几千年历史文化传统的承续，还是基于现时代赶超型现代化的迫切需求，国家和政府往往是一种积极而值得信赖和依靠的力量，表现为对不发达公民社会缺陷和市场竞争机制进行必要的修复、填补和建构。

中国现代大学治理的一个重要方向就是将国家与大学的治理更多地纳入法治化的轨道，致力于正式制度规范的构建与完善，同时按照大学追求知识创新和真理探求的内在特性培育和塑造富有时代感的精神与文化。

恩格斯对国家权力与经济发展关系的论述中提出，国家权力与大学治理的关系沿着统一方向作用，在这种情况下，大学就会发展得比较快。[②]从政治学的角度来看，大学治理结构的实质是大学的权力配置及在此基础之上的权力运行。[③]因此，在大学治理结构体系中，社会组织、广大民众的实质性参与成为构建中国现代大学治理结构的关键问题。在高职教育治理中，地方政府与地方高校构建治理主体的关系结构，既有利于地方政府公共管理推进路径，又实现了地方高校治理的外部治理结构框架搭建。

①蒋达勇，王金红．现代国家建构中的大学治理——中国大学治理历史演进与实践逻辑的整体性考察[J]．高等教育研究，2014，35(01)：23—31.

②马克思，恩格斯．马克思恩格斯选集(第四卷)[M]．北京：人民出版社，1972：483.

③刘虹．大学治理结构的政治学分析[J]．复旦教育论坛，2013，11(06)：17—22.

6.1.2 协同权力分配：高职教育协同治理的主体结构

协同治理是指公共管理组织协调主体关系，构建多元支持结构，通过完成公共产品或者公共服务供给，既满足广大民众的需求，也增进公共利益实现[①]。而公共治理就是基于公共部门协调其他组织或个人，参与公共管理事务之中，协同实现公共管理目标。[②]

多元主体参与治理的关键就是重新构建权力运行结构和权力配比关系，核心就是政府分权、放权，吸引社会、市场组织主动参与公共事务的完成。在权力比例合适的情况下，会极大地激励多元主体参与治理活动。

协同治理能否得以实现，由很多因素决定，其中，首要因素就是协同动机。外部环境可以促成各方的协同，各方主体的协同治理具有重要的应用价值，能否充分发挥协同各方的自身动力，是协同治理的基本保障。从政府角度看，复杂的社会问题无论从产生的原因、影响的范围，还是发展的方向，由政府独立解决，均难以实现。由于受到财力、能力、人力等方面的限制，需要有私有组织参与协同。非政府组织具有的灵活性、快速反应能力、创新的解决方案等优势，在公共服务中发挥了重要的补充作用，从而满足了私人组织的自身发展需求。非政府组织参与协同的目的，就是获得资源，其中，最重要的就是获得政府的资金支持。企业、社会组织愿意加入协同项目中，取决于组织构架和定位，以及治理实践活动的主体，往往是自然资源的管理、灾难应对、教育等公共服务的提供。

表6–1：高职教育的利益相关者

名称	具体表现	作用范围
国家(政府)	投资主体和政策制定者、宏观管理者	高职内部和外部
教育行政等部门	政府的具体代表者	高职内部和外部
行业组织	参与行业和专业标准确定	高职内部和外部
企业	岗位需求和技术指引	高职内部和外部
教育中介组织	社会第三方监督、评价等	高职外部
公众	纳税人利益代表	高职外部
学校管理者	机构任命的学校管理者	高职内部
教师	教育服务的生产者	高职内部
学生及其家长	教育服务的消费者	高职内部
教育捐赠、合作人	学校资源、服务共享者	高职内部
资料来源：研究者自行整理。		

①俞可平. 民主与陀螺[M]. 北京:北京大学出版社,2006:81.

②罗豪才. 软法与公共治理[M]. 北京:北京大学出版社,2006:21.

职业教育由地方政府统筹管理，高职教育是职业教育的高级阶段，由省级政府行政部门统一管理，明确高职教育治理的利益相关者，是体现治理主体的有利方法。高职教育的政治学、社会学、教育学属性，体现了高职教育治理主体具有一定的复杂性、广泛性。应运用利益相关者理论实现参与者共同治理。

概括地讲，政府、学校与社会是协同治理最重要的三大参与主体，各主体之间的和谐互动依赖于治理体系的开放性。然而，受到计划经济体制和政府全能主义的桎梏与约束，中国的治理系统长期处于相对封闭状态，以政府为主导的单中心体制垄断了各个领域的治理事务，市场组织和社会组织长期在公共事务治理中处于边缘位置或隐匿状态。随着改革开放的持续推进与不断发展，国家治理体系也随之逐步开放。

多元主体参与公共事务治理，政府与市场组织、社会组织等治理主体一样，都是公共事务治理的主体。治理主体之间再也不是从属关系、控制关系，而是平等的协同关系。在多元参与的协同治理格局中，各主体的角色定位与职责分工也应该发生相应的变化。首先，就政府部门而言，作为公共权力的代表者，政府仍然处于非常重要的地位。卡弗德项目和长三角区域水污染治理的实践证明，政府在协同治理过程中的作用依然不容忽视。根据政府的性质及其职能特点，政府在协同治理中的角色定位应是主导者与促进者。具体而言，政府部门作为协同治理的主导者，虽然仍是核心，但并不是大包大揽。相比于“全能型政府”和“管制型政府”，协同治理中的政府部门主导作用主要体现在：①提供必要的财政支持；②制定相关的制度规则；③维护稳定的治理秩序；④实施特定的法律监管。而作为促进者，政府部门除了为协同治理创造良好的外部环境之外，更重要的是发挥引导协调功能，既要引导市场组织和社会组织积极参与，又要协调各方意见表达和利益诉求。其次，从市场组织和社会组织来看，它们作为协同行动的参与者成为公共治理的平等主体，与政府成为合作伙伴。作为政府部门的合作伙伴，市场组织和社会组织的角色定位与职责分工大致有三：一是补充者，市场组织和社会组织凭借其资源优势和行动能力成为政府治理盲点、弱点、缺点、难点的有效补充，积极应对政府失效；二是施压者，市场组织和社会组织在公共事务治理中体现出来的比较优势与独特功能给政府治理行为造成潜在压力，促进政府部门的理念更新与行为优化；三是监督者，在政府部门实施特定法律监管的同时，市场组织和社会组织也应对政府的行为予以监督，要求政府行为合法合规、协同行动、认真负责。

此外，还应强调的是，多元参与治理格局的塑造使治理主体角色重新定位，意味着权力结构的适当调整，主要体现为放权、分权与赋权。具体来看，放权是指为了促进地方政府或下级政府在公共事务治理中的积极性、主动性与创造性，中央政府或上级政府应当适当将权力下放，减少行政审批，提高办事效率。分权就是政府通过分权、赋权，激励其他治理主体积极参与公共事务，政府重新构建各个主体之间的权力关系。赋权则是指政府将某些权力转移给市场和社会，开放市场和社会在公共事务治理中的准入门槛，实现“市场的归市场，社会的归社会”的局面。无论是放权、分权，还是赋权，其结果都有助于促进权力的均衡性，这又反过来促进了多元化的治理格局，符合协同治理的主体要求。

6.1.3　主体交互关系：高职教育协同模式的响应机制

治理结构表现为治理主体之间的权力和利益关系，是一种稳定的关系，是各利益相关者之间的权、责、利关系的制度安排。从外部看，体现治理主体的权力结构；从内部看，主体之间的作用过程形成决策机制。下面根据前表中的主要利益相关者，来分析各主体的权责关系。

政府是国家公共权力的载体，承担现代职业教育的公共责任，即为培养技术技能人才或劳动力再生产，提供公共财政支持和行政立法支持，负起现代职业教育资源配置的主要责任。因此，如何协调好各部门之间的利益，规范相关权责，成为政府能否发挥其主导作用的关键。无论是现代职业教育中的公共部分，还是利益相关的非公共部分，掌握国家行政权力的政府机关均需具有国家观念，其行政范围在任何时候都不能超越国家意志。

中国的地方治理是一个政府权力调整与职能重新界定的过程, 即治理权威在社会、政府和第三部门之间的分化和扩散, 以及在政府体系内部通过行政权力和责任的下放来增进地方下级政府的积极性、灵活性、回应性, 其实质是治理权从国家单中心主义向多中心化和多层次化的变迁过程。因此, 地方治理是一种实践、一套规则体系, 也是一种理念, 其不仅要求在国家与公民社会之间确立起合作主义的政治框架, 而且也应将上下级政府间关系纳入协商与合作的关系模式中, 走向府际治理。[①]

对于教育主管部门。在治理理论视角下，政府需界定其在高等教育领域的管理界限。政府应侧重于统筹规划、政策引导、市场监管和公共服务等职能，

①马斌. 政府间关系:权力配置与地方治理[D]. 浙江大学,2008.

为高等教育创造公平宽松的环境，促进公共教育资源高效、合理配置，促进高校个性化和特色发展。政府主要对高等教育管理进行宏观调控，但在教育管理的具体事务和教育服务的具体方面，则以市场运作方式充分发挥“政府外组织”的作用，逐渐实现高等教育管理的社会化。[①]政府应加强行政职能转变，将其管不好或不该管的职能进行合理让渡，推动社会组织成为承接政府管理职能的重要主体。政府在转移职能时要区分核心教育职能和非核心教育职能。核心教育职能是政府应具有维护其管理的合法性和权威性，是既不能放弃，也不能委托其他主体行使的职能，包括政策制定、教育规划、资源配置、拨款调控和评估监管等职能。而非核心教育职能是在教育市场发展成熟的条件下，政府可向市场、公民社会进行合理让渡的职能。政府在转移非核心教育职能时，要注意发挥现有各团队和组织的作用。[②]政府要界定好其高等教育管理权限，科学合理地利用购买服务、委托代理、财政补贴等多种方式推进职能转移，并实施好政策制定和监管职能。政府要明确其与社会组织、高校的各自职能和权责利，通过购买教育服务、委托代理、政府补贴等方式，将其不宜承担或承担不好的管理、咨询、评估、考试、资格认证、监督等高等教育管理职能交给社会组织和市场，从而“使政府从公共教育产品供给过程中脱离出来，更好地发挥公共教育决策者的作用”[③]。

对于社会组织中的行业协会。行业协会就是企业为了实现共同利益，自愿组织起来的同行或商人的团体(美国、日本)[④]；行业协会是由经营单位成员组成的，作为成员代表共同利益的非营利组织(英国)[⑤]，行业协会是维护本行业公共利益的集体性组织，是一种拥有经济治理机制的行业组织[⑥]；是同一行业的商事主体为增进共同利益、维护合法权益而自愿组成的非营利性社会团体法人[⑦]。从治理理论分析，行业协会是连接国家、市场、社会的一种治理机制[⑧]；总的来说，行业协会是成员利益的集中代表，是协调政府关系、制定行业规则的团体。

①郎佩娟．公共管理模式研究[J]．政法论坛,2002(01):143—152.

②李恒,胡小梅,王小绪．公共治理视角下高等教育政府管理职能转移与承接路径研究[J]．江苏师范大学学报(哲学社会科学版),2015,41(06):128—132.

③何鹏程．教育公共服务体系构建研究[D]．华东师范大学,2012.

④翟鸿祥．行业协会发展理论与实践[M]．北京:经济科学出版社,2003:3.

⑤斯坦利·海曼．协会管理[M]．尉晓欧,徐京生,于晓丹,译．北京:中国经济出版社,1985:125.

⑥余晖．行业协会组织的制度动力学原理[J]．经济管理,2001(04):22—29.

⑦姚旭,车流畅．论行业协会组织的法律性质——从制度动力学视角[J]．法学杂志,2011,32(05):34—37.

⑧贾旻．行业协会参与现代职业教育治理的合理性探析[J]．中国高教研究,2016(02):106—110.

行业协会对于高职教育具有重要意义，其参与治理的两种权力形式为：一种是政府委托行业协会进行行业自律，具有管理权；另一种是行业成员交付给行业协会的权力，包括信息、标准、资格等，形成行业协会与成员之间的权力运作机制。

对于社会组织中的企业。企业是完全市场主体，具有市场属性。我国高等职业教育发展中，高职院校与企业的关系紧密程度不同，管理体制不完善，关系不清晰，很难使企业真正参与到教育治理中。作为公共产品的教育与为市场提供产品服务的企业是两种不同属性的主体，但是，它们的共同目标是培养职业人才，所以，成为人才输入和输出的供需两个方面。基于此，亟待政府协调企业与高职院校之间的关系，形成制度体系及权力运行机制。

政府参与到企业与高职院校协调治理主体关系构建，关键体现在制定相关法律政策，通过政策导向，给予企业驱动力；在运行机制上，对企业要有驾驭力。政府主要协调方面有：政府在宏观管理层面积极协调校企主体合作关系；政策支持行业企业参与高等职业教育治理；促进行业企业经费投入机制；政府要进行制度创新，在政策体系建设中，推进企业在税收、信息共享等领域的激励机制的建立；政府通过财政补贴、税务优惠等政策调节，促进利益相关主体参与，实现协同效应。[①]

对于高职院校。政府承担职业教育的公共责任，职业教育的非公共责任需要通过激励市场来完成。

对于教育中介组织。在西方，中介性质的高等教育组织出现较早，美国学者克拉克从高等教育系统与市场、学术的关系分析提出，学术组织才是高等教育的管理主体，国家的高等教育系统也应该由学术权威来协调。[②]伊尔·卡瓦斯从政治学的视角，认为中介组织是一个正式团体，为了实现特定目标，与政府机构和其他组织开展协作[③]；有学者认为，教育中介组织是参与教育管理的信息渠道，根据学校的信息反馈，促进政府政策制定[④]；教育中介组织常常受政府教育职能部门委托，开展第三方监督和评价活动，是政府规划、执行、评价的决策参与组织。[⑤]我国在《行政法》中规定，政府能够直接授权非行政组织，或者用委托方

①刘薇. PPP模式理论阐释及其现实例证[J]. 改革,2015(01):78—89.

②伯顿·R. 克拉克. 高等教育系统——学术组织的跨国研究[M]. 王承绪,等译. 杭州:杭州大学出版社,1994:156—158.

③胡卫. 民办教育的发展与规划[M]. 北京:教育科学出版社,2000:161.

④盛冰. 教育中介组织:现状、问题及发展前景[J]. 高教探索,2002(03):81—84.

⑤王洛忠,安然. 社会中介组织:作用,问题与对策[J]. 求实,2000(11):28—30.

式请非行政组织参与，完成各项教育治理工作。[①]《民办教育促进法》也规定，教育行政部门在明确教育中介组织的任务后，可以委托教育中介组织开展教育教学活动过程中的各项监督评价工作。[②]

基于以上分析，政府是高职教育治理的权力主导者，主要负责政策法规体系构建[③]；社会组织是高职教育的主要参与者，为高职教育治理目标提供市场岗位需求信息，是人才培养标准的技术权威；高职院校则是高职教育人才培养、社会服务的主要执行者，针对地方社会经济发展需求，开展教育教学活动。这样，就构成了一个协同治理模型的核心，即地方政府如何进行权力配比和权力运行，可以通过政府职能部门牵头成立“高职教育治理委员会”，形成沟通和协商平台，通过定期召开协调会议，制定地方政策制度体系，构成地方政府主导各职能部门、多元社会组织主体参与、信息沟通顺畅的交互治理模型。

6.2　外部治理模式：多元治理主体的有效运行机制

协同治理的过程，主要体现为协同实践活动的行为过程。协同治理的顺畅运行，需要运行机制调整主体关系。陈宏辉以组织的治理机制为出发点，根据共同利益目标指向，协调各利益主体积极参与协商、决策、监督、评价等过程，促进协同目标实现。[④]

治理机制本质上体现出以下特性：一是，治理机制不是单独的一个部分，是由若干要素组成，并且相互之间构建起关系结构；二是，治理机制是主体之间关系的直接反映，体现主体之间的权力运行结构和权力运行机制；三是，治理机制对治理过程进行动态调试。高职教育治理机制围绕高职教育治理主体政府、企业、学校，构建职责清晰、权力配比、利益均衡的关系结构。治理机制随着治理环境、制度、结构的变化而表现出新的内容和体系，是协调过程中手段和方式的体系。

①张树义. 行政法学[M]. 北京:法律出版社,2000:16—18.

②葛新斌. 教育中介组织的合理建构与职能运作探析[J]. 清华大学教育研究,2011,32(06):99—103.

③李兴洲. 反思“建立现代学校制度”[J]. 教育学报,2007(04):51—56.

④陈宏辉. 企业的利益相关者理论与实证研究[D]. 浙江大学,2003.

6.2.1 信任建立过程：政府主导权力运行的协调机制

治理主体的组织结构从单向度的垂直化线性结构转向交互性的扁平化网络结构，意味着治理主体的关系也随之发生变化。原本“命令—服从”的管控导向关系应该转向“互惠互利”的合作伙伴关系。合作伙伴关系应该是开放、包容、平等、协商的关系。开放的关系蕴含着协同治理主体的资格问题，即谁可以参加协同治理。首先，开放的关系意味着协同准入的开放性，即协同治理鼓励参与，凡是牵涉其中或关心议题的利益相关者都有资格准入协同过程、参加协同行动，即使是那些潜在的“令人烦恼的”利益相关者。排挤与拒斥不应是开放性关系的内容。托姆·赖利通过对环境规划和人性化服务递送的实证研究发现，成功的协同治理都重视鼓励参与，而拒斥关键性利益相关者是协同失败的重要原因。其次，开放的关系意味着协同过程的开放性，即治理主体不仅可以参与执行过程，还应被允许参与决策过程。管理主义的决策过程是单向的、封闭的，决策制定依赖于业界精英和政策专家，相反，协同治理的决策过程向更加广泛的利益相关者开放。然而，从实践来看，执行过程的开放性相对容易实现，但决策过程相对封闭。

随着高等教育地方政府主导权力加大，高等教育区域化发展趋势越发显著。从目前的政策来看，区域高等教育所立足的主要是省域。[①]省级政府也是高职教育的全面统筹权力源头。在区域高等教育网络治理中，政府协调内容势必包含政府系统内部结构，主要表现在省、市两级政府之间的上下协调与沟通，以理顺体制为重点。《中华人民共和国高等教育法》明确规定，省、自治区、直辖市人民政府等协调本行政区域的高等教育事业，管理主要为地方培养人才和国务院授权管理的高等学校。在《中国教育改革和发展纲要》及其《实施意见》中，也都曾提到了要建立高等教育由省级政府为主的体制。另外，最近教育部颁发的《面向21世纪教育振兴行动计划》中指出，加快高等教育体制改革步伐，深化高等教育改革，继续实行“共建、调整、合作、合并”的方针，今后三至五年基本形成中央和省级政府两级管理，分工负责，在国家宏观政策指导下，以省级政府统筹为主的条块有机结合的新体制。除少数关系到国家发展全局以及行业性很强，需要由国家有关部门直接管理的高等学校外，其他绝大多数高等学校均由省级政府管理或者以地方为主与国家共建。

①潘建华,周石其. 有关区域高等教育发展之若干思考[J]. 宁波大学学报(教育科学版),2004(05): 37—38.

首先，政府应加强各方参与高等教育治理价值导向的引导，保证高等教育公共物品的属性。成立高职教育公共治理的“高职教育治理委员会”，委员会由政府主要职能部门参与，激励社会组织参与，由高职院校承接和落实议事成果。

其次，完善政策制定过程中各方利益合理表达的机制建设。在治理委员会的执行过程中，建设信息沟通与交流的平台，建设网络信息管理渠道。充分鼓励社会组织参与其中，形成社会需求导向的培养标准。

最后，形成协同成果推广机制。协同治理模式下，各利益主体为了公共利益做出行为协调，如果产生一定的协同成果，需要及时沟通与推广，使协同过程形成良性循环。不断实践和总结的小协同成果经不断累计和叠加，形成更多、更大的成果，那么促进协同的动力和激励会越来越强。

在纵向结构上，理顺区域高等教育体制，实现政府职能转变是构建有效协调机制的核心。做到深化体制改革，明确省、市政府职责分工。坚持以省级政府管理为主的同时，发挥省、市合力，促进地级城市的高职教育发展。省级政府权限侧重于对区域内高等院校的领导和宏观管理权，通过规划和立法、投资与拨款、评估和监督等手段，发挥其区域内调控职能。市级政府的职责权限侧重于地域内高职教育具体协调和服务层面，通过加大地方政府投入、规划市域内高校建设、出台政策支持、鼓励各种创新体制等方式构建区域高等教育体系，推进整个地区高等教育的发展。

高等职业教育治理结构改革应从制度化的确权、集权和放权着手，对教育行政权的边界进行严格、清晰的划分，逐步理顺高等职业教育不同权力主体之间的关系，进一步释放高等职业教育治理结构改革的活力。首先，要从“确权”入手，逐步厘清和确立各级教育行政机关的教育管理权限和职责，对教育行政机构的教育管理权和高职院校办学自主权的边界进行科学划分，建立各方的“权力清单”，并予以制度化保障，切实改变过去在高等职业教育管理中的权责不清、推诿扯皮、多头管理等方面的问题。其次，要适当“集权”，将分属不同管理部门的高等教育管理权相对集中起来。当前来看，高等职业院校的人事权、财权、事权等不同权力分属于不同的教育行政部门或政府机构，突显了政出多门、多头管理的弊端，使得高等职业教育在改革发展中无法获得统一、有效的人力、物力、财力的配合和支持。

职业教育治理理念和机制的转变是一个权力运行向度和方式的变化过程，在这个过程中，国家权力逐渐向社会、市场和公民转移，原有的权力场域逐渐从以政府为中心转变成为由多个参与主体共同分享权力、分担责任。职业教育作为国民教育体系的组成部分，政府希望通过职业教育实现公众利益的最大化。在这个意义上，政府对于职业教育的诉求也超越了单纯的工具价值而成为一种谋取公共利益最大化的价值，在当代中国则体现为社会主义价值。[①]

6.2.2　有效对话过程：行业企业参与决策的激励机制

协同治理涉及治理主体间行为方式的关系向度。参与治理的各个主体之间是平等协商关系，治理主体间的协商关系需要在决策制定过程中得以确认。政府高度重视职业教育是校企合作发展的重要前提，从政府层面对职业教育校企合作进行管理、规划是职业教育校企合作持续、有效的关键。职业院校校企合作基于不同的利益主体，具有天然的冲突性，我国职业院校以学校为主的校企合作模式，加剧了这一冲突。在此前提下，政府应从加强法律、经济及协调者三个角度入手，强化自己的角色，确定自己的功能，最大限度地发挥影响力。我国是一个政府占主导地位的国家，对我国职业教育校企合作而言，各级政府更要从重视职业教育校企合作的高度出发，理顺管理体制，明确各部门的职责，统筹职业教育各项工作，制订各个层面的职业教育校企合作发展的规划、战略。借鉴他国的经验，在国家层面做好顶层设计，为行业的权威予以制度化的保障，让产业部门领导参与职业教育管理，让行业企业参与到职业教育培养人才的各个环节中来。

职业教育是一种跨界教育，行业企业对高职教育治理起到决定性作用：一方面，社会经济发展中不同主体的价值导向差异需要协商机制予以协调，行业企业需要高职院校提供人才支持和技术服务，是典型的市场导向；另一方面，高职教育由高职院校开展教育教学活动，其价值取向为公共服务的提供，支持人才培养的可持续发展，具有公共性导向。多元主体参与高职教育治理过程，就是要构建政府主导、行业指导、企业参与、学校跟进体系，这成为高职教育发展的基本模式。[②]

地方政府是公共服务项目执行的权力起点，应发挥地方政府对地方政策制定的优势，建设高职教育校企合作制度体系，特别是校企合作的制度安排和政策

①陈桂生．教育原理[M]．2版．上海:华东师范大学出版社,2000:200—201.

②周晶,万兴亚．从管理走向治理:区域高等职业教育发展范式转型的路径研究[J]．职教论坛,2014 (19):44—49.

激励。在财政政策上，可以给予行业企业激励基金，支持校企合作项目；在税收政策上，可以给予接受教师实习和学生实践的企业税收减免的支持；在人力政策上，给予企业接受高职院校学生就业的租房补贴；在宣传舆论上，加大高职教育宣传范围和力度，营造社会认同的高职教育治理氛围，形成良好的协调过程运行环境。

6.2.3　协同承诺监督：第三方监督评价的制约机制

对协同效果进行评估是十分必要的。从广义上看，协同治理运行成果需要社会经济发展的检验，检验标准就是能否推进经济发展。从狭义上看，治理的有效性是判断治理行动是否符合公平正义的要求，是否有效解决公共问题、增进公共价值的评价标准。一般来讲，协同治理的效果评估包括监控和测量两个活动。监控在于考察协同治理行动给周边环境带来哪些改变，测量是监控活动的进一步延伸，是通过对收集到的数据信息进行分析，衡量协同行动是否带来效果。科学的评估不仅能够直接反映协同过程的合法性、问题解决方案的适用性，以及所花费的时间、金钱等成本的收益情况，还能指导参与者根据环境的变化调整行动计划。就此而言，协同治理的效果评估是检视治理有效性的客观反映。此外，协同治理的效果评估是人们追求良善公共生活的必然要求，以共同体方式追求良善生活是政治思想家们和实践者们的共同认知。

明晰各治理主体的权力边界。界定治理主体的权力边界，是监督和评价协同治理模式是否符合权力结构和运行机制的基础。从国家宏观层面看，各种教育类法律法规等对学校的运行管理做出了较为明确的界定，缺乏对其他参与高职教育治理主体的权责界定；从各种法律法规的约束力来看，高职教育主体权责完善，约束力强，而教育部门的有关制度体系对其他主体的约束就明显缺乏执行力；从制度体系构成来看，高职教育治理结构包括外部结构和内部结构，内部结构制度体系完善，而涉及外部主体的制度结构较弱，跨部门的制度建设还需要相当长的时间去协调和统筹。

6.3 内部治理模式：高职教育内外部治理的融合机制

教育行政权力来源于法律，必须遵守法律。[①]地方政府是高职教育治理的管理主体和权力源头，地方政府可依据高等教育法构建有地方特色的制度体系，使高职院校自主办学得以实现。

6.3.1 协同能力培育：校企双主体权力的协商机制

“多元”权力论认为，基于我国的教育管理体制，政党权力在高校中是“始终处于主导性地位”的政治权力[②]，同时，《高等教育法》规定，高校应实行“民主管理和监督”，因此，有学者将高校内部权力划分为政治权力(政党权力)、行政权力、学术权力和民主权力等四种。[③]此外，还有学者将高校的权力划分为由政党权力、行政权力、学术权力、学生权力和外部权力等组成的多元结构。由此，从“实然”的角度，将我国高校权力结构划分为政治权力、行政权力、学术权力和民主权力等四种比较适合高校的现状。[④]

政治权力体现为，党委主导的办学理事会决策制度，指的是事关高职院校建设、稳定、改革、发展和广大师生员工切身利益的重大事项，由理事会集体决策，而党委在理事会决策中发挥主导作用。理事会由利益相关者中的骨干人员组成，党委委员全部进入理事会，且理事会委员人数不超过党委委员人数的两倍。这样的决策体制，既体现了利益相关者共同治理的思想，又保证了党委对学院重大事项的领导。行政权力体现为院长面向行政工作领域，建设校务委员会，校务委员会下属的三个专门委员会成员，应以具有公共意识和情怀、能够平衡学校内部利益相关者需求和关系、能够回应学校外部诉求的专家型管理干部为主，同时要保证一定比例的教师、学生代表、行业企业领导和技术骨干参加，由分管相关工作的副院长担任负责人，下属包括校企合作、师资队伍建设和财产管理专门委员会，充分发挥专门委员会在学校最为重要、最为关键的三项工作中的咨询、评

①李雪岩,龙耀．教育行政权力三边界论——中国教育行政化问题研究系列之一[J]．现代教育管理,2012(11):12-17.

②林荣日．论高校内部权力[J]．现代大学教育,2005(02):69-74.

③王学海．学术权力概念及学术权力主体辨析[J]．黑龙江高教研究,2004(03):14-17.

④方强．论高职院校行政权力的优化配置:扩张与严控[J]．黑龙江高教研究,2014(07):30-33.

议和决策作用。学术权力体现为学术委员会以一线的教授、行业企业技术专家为主，委员会应由该领域的学术权威担任负责人，下属的多个专门委员会成员，包括专业建设、通识教育和技术与科学研究专门委员会。

校企合作管理平台可定义为高职院校建设中利益相关者之间形成的以互惠共赢为基本价值的合作治理网络，是高职院校特色建设的基础和动力来源，认定利益相关者是建设合作治理网络的前提。

我国的行业协会诞生于计划经济向市场经济转轨的特殊时期，因其“半官半民”的色彩，曾发挥过统筹协调、管理有效等独特优势，尤其是对于高职院校的校企合作起到统筹、管理的作用。从行业发展的制度逻辑来看，行业参与职业教育校企合作是历史的必然，以行业为纽带，与下属企业实现校企合作、产学合作办学，在行业协会发展较好的那段时期，行业协会成为政府与企业间的沟通桥梁，担负着咨询政府决策、维护行业权益的责任，是行业内的“服务员”，是职业教育校企合作的指导者和中坚力量，是政府、学校与企业的桥梁和纽带，有效地推动了职业教育校企合作的发展。

在劳动力日益短缺和产业转型升级的背景下，企业如何才能得到职业院校优秀的毕业生？要提高企业对职业教育的认识，其自身也是职业教育的办学主体。积极主动地参与到职业院校人才培养的过程中来，要从职业学校和企业自身下功夫，才能推进职业教育的校企合作。随着我国社会经济发展和就业形势的变化，职业教育校企合作被赋予了新的内涵和要求，必须用新的思维和战略眼光来研究和对待校企合作。校企合作中的企业必须要树立起战略眼光，才能建立深层次的校企合作关系，实现永久持续的共赢。科学合理地做好合作的成本分析，找到职业教育校企合作利益相关者之间利益的平衡点和持续合作的激励点，对于提升职业教育校企合作的有效性至关重要。

协同治理环境下，承诺存在于两个维度：第一，参与者之间的承诺，这意味着他们形成一种契约关系，也是对彼此权利与义务的确认。参与者之间的承诺可以交换或共享信息与资源，而这种交换与共享有利于增进对方的利益。参与者之间的承诺首先建立在个人层面，当个人层面建立起相互承诺后，其代表的组织或团体往往也能随之建立起组织层面的承诺。第二，参与者对协同过程的承诺，这意味着他们拥有参与协同行动的意愿，并愿意付诸实践。参与者对协同过程的承诺核心内容是责任与奉献，即参与者有志于为实现共同目标寻求解决方案，并愿意付出自己的时间与资源，并为最终结果承担责任。

需要注意的是，承诺作为一种非正式契约，主要依靠道德力量保障其得以履行。然而，在无法保证所有参与者都具备较高道德水平的情况下，如果缺乏强制性力量的约束，那么参与者违背承诺的成本较低，就容易出现违背承诺的情况。因此，我们需要通过制度化的设置去促进承诺并为履行承诺的行为提供保障。承诺的制度化形式就是协议。虽然承诺等非正式契约也能对协同治理的创设、运行与发展产生作用，但比较而言，正式契约的明确性、持久性以及可操作性使其在某些方面更具优势。因此，将承诺具化为协议是确保协同过程顺利进行的必要途径。

合作治理网络是实现学校和企业内外两个主体协商沟通的基础，建设“校企合作管理平台”是实现治理网络的保障。实质性协议是关于行动规划以及最终方案的决定，是关于协同治理内容与目的的协议，其功能在于确保协同行动的可行性，保障行动方案科学合理、共同目标得以实现。从内容上看，实质性协议涵盖共同目标、行动规划、职责分配等内容。具体来看，其一，共同目标是参与者利益诉求的交叉点，只有在确定具有共同目标的基础上，协同治理才有可能实现。可以说，共同目标是协同治理得以实现的前提性条件。在协同实践中，以协议的形式对共同目标进行确认，一方面是对参与者利益的维护，另一方面则设置了明确的行动方向。其二，行动规划是对参与者协同活动的安排。行动规则是协同治理从静态到动态的转变，它为公共事务治理提供了从目标到策略、从方案到实施等一系列制度安排，引导参与者解开棘手问题“是什么”的疑惑，走向集体行动“如何做”的新阶段。其三，职责分配是根据参与者各自的功能优势，进行最为理想的工作分配。克里斯·赫克萨姆提出了“自治与责任的困境”的概念，意指参与者在保持相对独立性的同时，如何对协同行动负责的问题。因此，通过正式的协议对参与者的工作职责进行明确划分，不仅能够提高参与者的行动效率，还能为监督问责提供依据。

6.3.2 规范协同行为：内部利益相关者的协调机制

协同行动是指治理主体在协同机制的框架内，按照之前达成的协议与规则，为实现共同目标而展开的各类活动。主体集聚、积极协商及决策制定只是协同过程的前三个阶段，协同行动则是协同过程的最后一环。无论是从线性路径理解协同过程，还是从循环、迭代路径理解协同过程，协同行动都可归为执行和实施环节，在这个环节，承诺与准则开始生效，治理主体通过个体行动或多元互动将协同规划付诸实践。理论上讲，协同治理旨在实现单个组织或个人无法完成的公共目标，其隐含的内在逻辑是协同成果依赖于多元主体的协同行动。从这个角度讲，协同行动的重要性显而易见，理应处在协同治理过程的核心位置。协同行动应该是审慎的、包容的和透明的，也应该是被精心设计和具有战略高度的，而不仅仅是被动的应激反应。因此，有必要对协同行动的层次、类型等内容进行全面审视。

柯克・艾默生等人总结了四种基于功能的协同行动，分别为：①操作行动，促进协同治理机制本身的发展或维系；②发展或创收行动，构建或维持协同治理机制及其参与者；③网络行动，建立协同治理机制的外部合法性与声誉；④实质的或目的驱动的行动，直接促成协同治理参与者的共同使命。

大学内部不同治理主体的权力控制能力不同，影响的范围也不尽相同。针对权力控制机制存在的问题，应从以下两方面进行修正与完善。

首先，优化治理主体参与决策范围。借鉴美国大学共同治理的模式，强调教师、学生和行政人员共同参与大学治理，同时也要注重不同主体在决策过程中的责任分担。由于权力的不平衡性，治理主体在不同决策范围内的影响力存在差异。学生是大学存在的理由，没有学生就没有大学。大学生只要选择了某所大学，将终生成为该所大学的利益相关者。在高职院校治理过程中，教师要参与咨询管理，获取可能的更好的薪资待遇，获取机会提高自身的各方面能力，如教学能力、沟通能力、科研能力等，获得更高层次、更大范围内的尊重。一方面，在国家法律、法规等文件中，明确教师应在自身专注与擅长的学术决策领域发挥主导性的作用，课程设置与教学安排、教师任命和晋升标准等学术领域是教师优先自主决定的范围。而在财务预算、运营管理等领域可由行政人员主导，也要明确教师和学生发挥参与决策、咨询、评议等作用。另一方面，完善研究型大学组织内部的机构建设。权力控制机制依靠正式组织的决策过程，完善学术委员会、教职工代表大会和学生代表大会等组织职能、人员设置、决策流程等的安排，为治理主体的权力发挥提供充足的依据。

其次，加强教师和学生的决策权责。在大学治理中，教师和学生的决策权责主要依赖于法律、法规的强制保障。除了在国家层面的法律、法规中强化教师和学生的决策权责，在研究型大学的制度体系中更应该强调教师在学术事务中的决策权责，以及学生在自身相关事务中的决策权责。同时，强调个人权责的基础作用，也要强调组织功能定位与教师学术权责和学生权责的匹配。学术委员会作为行使教师决策权责的主要组织机构，其组织功能应立足于保障教师权力在决策中的实现，那么组织机构的目标、人员构成和程序等为教师的利益所服务，要明确体现教师在学术委员会中独特的决策地位。相对而言，学生会作为服务和保障学生权力的主要机构，也应该在组织章程、规定中明确学生在该组织中的独特地位，保障学生权力的实现，同时也要处理好与学校行政组织之间的良性关系。

6.3.3 参与与评估：师生共同监督的约束机制

协同治理监督评估是制度设计的结果考察体现。评判协同治理是否有效果的标准，可以通过以下五个方面进行比较：

第一，成果评价。针对协同治理的成果取得，需要协同各方予以确认，由于协同治理主体的价值取向差异，对于成果认可会有不同，形成对成果认识的协调一致，是一种评价标准。

第二，确认过程有效。不同成果对于协同治理主体有着不同的影响，而协同过程则非常重要，一方面，协同过程就是得到成果的必然路径；另一方面，不同主体在获得成果过程中形成了协调运行机制，实际上促进了成果取得。

第三，取得意外的收获。在协同治理实践中，核心就是协同过程，在协同过程里不同主体不断调试运行机制，为达成目标而不断调试并最终形成良好的协商机制，成果的最终实现产生的激励效果，上述收益，均为原定目标以外的收获。

第四，获得更多的认可。协同治理的成果既是协同治理主体的目标，也会获得各方组织或民众的接纳，这样有利于引入更多利益相关者参与治理过程，进一步完善制度体系，推进协同成果转化。

第五，组织与个人价值均衡。协同治理体系构建包括不同协同主体的集体意志，也是不同主体中个人实践的直接体现。协同成果不断出现，促使直接参与协同治理的个人实现个人价值认可，有利于带动更多个人参与协同活动。

协同优势理论对于协同治理这五方面的思考可以作为对协同治理后果进行评估的重要标准。同时，它还告诉我们协同治理所取得的成果并不是一维性的，协同治理可能在很多方面都可以取得值得庆祝的成绩。这五种类型既可用在协同参与方之间对协同后果进行的讨论中，也可以被用作协同各方向外部利益相关方展示协同价值的方式。

在大学章程、学术委员会章程和教职工代表大学章程等具体的制度体系中对教师和学生的权力给予明确的规定，特别是在关乎重大决策事务中，更加明确参与决策等相应的权力。

大学章程是大学办学的纲领性文件，是大学成为法人组织的必备条件，是学校依法治校的基础和保障。大学章程是对立法内容的细化与延伸，其核心内容是对权力的限制与保障。各类大学应依法制定章程，依照章程规定管理学校。国外一流大学都有自己完善的大学章程，对大学管理中权力机构的划分进行了法律上的切割，如董事会享有哪些权力、理事会或者执行机构及校长享有哪些权力、最终的司法诉讼又必须通过怎样的途径等。我国《高教法》明确规定，设立大学须有大学章程，可至今为止，我国具备完善章程的大学屈指可数。立法的宏观性与模糊性、校内章程的缺失致使大学内权力冲突与滥用的现象日益加剧。

大学章程应当明确大学治理结构，对校内权力构成做出明确的规定。复旦大学校长杨玉良表示，该校的《复旦大学章程》，划分和限定各种权力，学校领导和部处负责人退出该校的学术委员会、教学指导委员会，形成行政权力和学术权力的有效分离。而且，学术委员会和教学指导委员会的工作不是空架子，学校为此设计了专门的会议制度和“召见－问责”制度[①]。复旦大学的改革行动或许意味着我国大学办学将告别长期以来没有大学章程的困境，真正实现依法治教，形成对权力结构的有效监督和制约。

实现大学管理的民主化与治理的多元化是制约权力滥用的重要途径。要赋予教师、学生以及其他行政服务人员在大学中的民主管理权力，使决策更加科学化、规范化和专业化，同时防止权力的独裁和专制。首先，应赋予广大师生在学校管理和决策活动中的民主参与权，让其广泛参与到学校发展与建设中来。通过大学章程的形式明确规定党代会、教代会、职代会的职责，确定教师代表的比例，确保教师参与学校重大问题决策的发言权和主动权，而不是简单地“走过场”。同时，要高度重视和发挥以学生为主体的团代会、学代会制度的作用，增强决策的民主性和科学性；其次，大学应进一步推行校务公开制度，凡是有关学校改革与发展的重大决策、学校的财务收支情况、福利待遇以及涉及师生员工权益的其他事项，都要通过公文、海报、网站等多种途径，在全校范围内及时、准确地予以公布。学校实行校务公开和院务公开，校长、院长分别向学校、学院教职工代表大会报告工作，不断完善重大事项集体决策、专家咨询、决策评估等制度，建立健全决策后评价、反馈纠偏和问责等制度，及时发现并解决决策中存在的问题，减少决策失误。[②]

---

①复旦酝酿章程约束校长权力 实现学术行政权分离[DB/OL]. http://www. chinanews. com/.

②毛成,蔡玲丽,赵春鱼. 服务行政:高校“去行政化”改革新方向[J]. 教育发展研究,2010,30(09):34-37.

第7章 结 语

本书以“中国高等职业教育治理模式”为主要研究内容，以“协同治理的多元主体模式建构和运行机制设计”为研究重点。依据高等职业教育具有典型的公共品和非公共品属性混合的“准公共品”属性，一方面公共产品服务体现出国家意志，另一方面非公共产品基于市场关系体现为资本属性。政府作为国家公共权力的载体，承担高等职业教育的公共责任，而职业教育的非公共责任无法由政府全权负责，将由市场中的行业企业给予补偿。公共资源依靠政府配置，而非公共资源配置往往依靠市场。促进高职教育治理的多元主体参与，分析治理主体的结构关系，利用权力运行的结构分析，构建政府主导下的政府、社会、学校三维主体交互关系，并且形成高职教育内外部治理模式的运行机制，达到公共利益的最大化，寻求达成高职教育善治的目标。

基于政治学理论来研究中国高等职业教育治理问题，是从治理主体、主体关系、治理结构及运行机制等进行深入探讨，本质上是对政府权力结构的一种协调。中国高职教育协同治理模式的构建，是对政府占据绝对主导地位的“一元单向”管理模式的重新设计。研究通过制度供给与机制创新，推动包括政府、企业、民众、第三部门等实现多元参与治理，并建构政府、社会、学校互动结构，实现利益相关者协同治理模式，是从权力运行和权力配比上的根本改变，将会极大地推进中国高职教育治理现代化进程。研究结果是对中国高等职业教育治理的一个新的理论思考，也是一个新的实践探索。本书结合了中国实际现状，借鉴国内外成熟的协同治理模型，在高职教育治理的理论和实践中有所突破，包括基于协同治理视角的中国高职教育治理模式的研究具有一定的独特性；在高职教育治理模式中，构建三维主体关系的权力运行模式创新体现了探索性；在高职教育治理结构中运行机制的设计研究具有实践指导价值等方面都取得了一定的研究成果。

当然，通过本书研究内容的不断深入，由于受本人的研究能力和问题视角所限，发现还有很多问题有待完善和改进：

一是，新时代坚持和加强党的全面领导，对于高职教育治理研究来讲，需要强调省委、市委对于高职教育治理的全面领导，而高职院校需要强调学校党委对于高职院校的全面领导。本书没有进行细分党和政府的权力主体差异，而这个问题从目前学术研究领域来看，也是研究热点和难点。政府是党的教育路线、方针、政策的执行者，是管理公权力的代表，本书仅仅针对高职教育治理问题，简化为政府代表。

二是，在我国高职教育治理主体分析中，强调多元主体参与治理，是否与现实状况有冲突和矛盾。在笔者对高职教育治理研究的这七年多时间里，我国高职教育治理环境发生了极大改变，无论从国家层面还是各级省、市政府，都相继出台校企合作方面的政策，并且强调“企业作为办学主体参与高职教育治理”，充分体现出高职教育治理的多元主体的参与必要性。比如教育部2018年2月发布《职业学校校企合作促进办法》；又如江苏省2018年5月14日发布《省政府关于加快推进职业教育现代化若干意见》；广东省第十三届人大常务委员会第三次会议于2018年5月31日通过并公布《广东省职业教育条例》，自2018年9月1日起施行；2018年7月22日，《湖南省促进校企合作实施办法（征求意见稿）》发布。这些都充分展示了多元主体参与高职教育治理的积极政策导向和强烈市场需求。

三是，基于公共利益最大化实现，是否体现高职教育善治。结合公共管理学科的三大学术渊源即政治、管理、法律来进行分析。政治学给公共管理提供了社会价值的视角；管理学帮助公共管理强调效率、效益的理性；法学给了公共管理一个寻求稳定的制度工具。能否通过公共管理实现高职教育的善治，正如学者们普遍质疑公共管理理论的有效性。比如，其中比较有代表性的三个理论：一是美国学者提出的新公共服务理论，从管理理念的层面批判公共管理理论缺乏对公平正义、公民参与等民主和宪政价值的关注；二是英国学者提出的整体政府理论，从组织结构的层面批判公共管理理论的分权化和分散化导致机构裂化和公共服务的碎片化；三是德国和荷兰等国的学者提出的网络治理理论，从政府与其他公共管理主体的关系的角度，批判公共管理在面对多元、异质的管理主体时束手无策。高职教育治理的目标，也将随着治理实践深入，可以进一步来检验和完善；四是本书所采用的研究方法是案例比较分析，在实际资料收集中，还缺乏比如深度访谈、文件调查等一手资料，而且在案例选取中，仅仅突出了德国和我国宁波市的政府制度层面的研究，未能充分体现国家案例和地方区域案例的差异，这都需要在今后的持续研究中予以重点关注。

高职教育治理既是当代教育的一个新命题，也是一个教育现代化建设的必答题。面对未来，中国高等职业教育治理始终都是教育改革的热点和难点问题。新时代在坚持加强党的全面领导背景下，构建政府、社会、学校的权力结构，以及形成各主体的权力运行机制，激发治理主体的行动动力，需要克服缺乏现实经验指导和评价检验等问题。高职教育治理将始终面临发展中不同主体利益的冲突和挑战，这也正是本书研究的内容，同时，也是展开更深、更广的探索的不竭动力。

参考文献

A. 著作类

[1]朱云杰. 高等院校治理研究——基于非营利法人治理的分析[M]. 北京:中国经济出版社, 2011:3.

[2]世界银行, 联合国教科文组织高等教育与社会特别工作组. 发展中国家的高等教育:危机与出路[M]. 蒋凯, 等译. 北京:教育科学出版社, 2001.

[3]约翰·S. 布鲁贝克. 高等教育哲学[M]. 王承绪, 郑继伟, 张和平, 等译. 杭州:浙江教育出版社, 2001:15.

[4]中共中央编写组. 中共中央关于全面深化改革若干重大问题的决定[M]. 北京:人民出版社, 2013:3.

[5]张维迎. 大学的逻辑[M]. 北京:北京大学出版社, 2004:17.

[6]俞可平. 治理与善治[M]. 北京:社会科学文献出版社, 2000:9.

[7]俞可平. 全球化:全球治理[M]. 北京:社会科学文献出版社, 2003:6.

[8]毛寿龙. 西方政府的治道变革[M]. 北京:中国人民大学出版社, 1998:10.

[9]刘春生, 徐长发. 职业教育学[M]. 北京:教育科学出版社, 2002.

[10]埃莉诺·奥斯特罗姆. 公共事物的治理之道:集体行动制度的演进[M]. 余逊达, 陈旭东, 译. 上海:上海译文出版社, 2012.

[11]沃尔夫冈·布列钦卡. 教育科学的基本概念——分析、批判和建议[M]. 胡劲松, 译. 上海:华东师范大学出版社, 2001:14.

[12]马克斯·韦伯. 社会科学方法论[M]. 杨富斌, 译. 北京:华夏出版社, 1999:34.

[13]汉语大辞典（第8卷）[M]. 上海:上海教育出版社, 1991:118.

[14]刘春生, 徐长发. 职业教育学[M]. 北京:教育科学出版社, 2002.

[15]徐国庆.实践导向职业教育课程研究:技术学范式[M].上海:上海教育出版社,2005:242.

[16]石伟平.比较职业技术教育[M].上海:华东师范大学出版社,2001:65

[17]俞可平.国家治理评估——中国与世界[M].北京:中央编译出版社,2009.

[18]孙柏瑛.当代地方治理——面向21世纪的挑战[M].北京:中国人民大学出版社,2004:19.

[19]俞可平.国家治理评估——中国与世界[M].北京:中央编译出版社,2009.

[20]张康之.走向合作的社会[M].北京:中国人民大学出版社,2015:89

[21]敬乂嘉.合作治理——再造公共服务的逻辑[M].天津人民出版社,2009:171.

[22]谢长法.中国职业教育史[M].山西教育出版社,2011:2.

[23]谢长法.中国职业教育史[M].山西教育出版社,2011:20.

[24]谢长法.中国职业教育史[M].山西教育出版社:2011:55.

[25]琚鑫圭,童富勇,张守智.中国近代教育史资料汇编(实业教育、师范教育)[M].上海教育出版社,1994.

[26]罗伯特·伯恩鲍姆.大学运行模式[M].别敦荣,等译.青岛:中国海洋大学出版社,2003.

[27]杨瑞龙,周业安.企业的利益相关者理论及其应用[M].北京:经济科学出版社,2000.

[28]亨利·罗索夫斯基.美国校园文化[M].谢宗仙、周灵芝、马宝兰,译.山东人民出版社,1996.

[29]让-皮埃尔·戈丹.何谓治理[M].钟震宇,译.北京:社会科学文献出版社,2010:3

[30]陈振明.政策科学:公共政策分析导论[M].北京:中国人民大学出版社,2003:260

[31]弗朗西斯·福山.国家建构:21世纪国家治理与世界秩序[M].黄胜强,许铭原,译.北京:中国社会科学出版社,2007:16—19

[32]张维迎.大学的逻辑[M].北京:北京大学出版社,2004:17

[33]朱云杰.高等院校治理研究——基于非营利法人治理的分析[M].北京:中国经济出版社,2011:3

[34]臧雷振. 政治学研究方法:议题前沿与发展前瞻[M]. 北京:中国社会科学出版社, 2016:182.

[35]高柏. 经济意识形态与日本产业政策[M]. 安佳, 译. 上海:上海人民出版社, 2008:13.

[36]刘伟. 发展教育产业是教育改革和发展的要求[M]. 北京:教育科学出版社, 2000:173

[37]高木英明. 关于大学的法律地位与自治机构的研究[M]. 多贺出版株式会社, 1998.

[38]费正清, 费维恺. 剑桥中华民国史, 1912—1949, 下卷[M]. 刘敬坤, 等译. 北京:中国社会科学出版社, 1994

[39]成有信. 教育政治学[M]. 南京:江苏教育出版社, 2000:4

[40]劳凯声, 郑新蓉. 规矩方圆——教育管理与法律[M]. 北京:中国铁道出版社, 1997:204—209

[41]罗伯特·B. 登哈特. 公共组织理论[M]. 3版. 扶松茂, 丁力, 译. 北京:中国人民大学出版社, 2003:176

[42]杨学琼. 教育政治学导论[M]. 沈阳:辽宁教育出版社, 1992:11

[43]哈贝马斯. 公共领域的结构转型[M]. 曹卫东, 等译. 上海:学林出版社, 1999:2

[44]乔治·弗雷德里克森. 公共行政的精神[M]. 张成福, 刘霞, 张璋, 孟庆存, 译. 北京:中国人民大学出版社, 2003.

[45]罗崇敏. 教育的逻辑[M]. 北京:人民出版社, 2011:134

[46]S. 艾森斯塔德. 现代化的基本特征[A]. 谢立中, 孙立平, 译. 二十世纪西方现代化理论文选[M]. 上海:上海三联书店, 2002:175—181.

[47]闵维方. 高等教育运行机制研究[M]. 北京:人民教育出版社, 2002:53

[48]吴康宁. 教育社会学[M]. 人民教育出版社, 1997:181

[49]乔治·弗雷德里克森. 公共行政的精神[M]. 张成福, 等译. 北京:中国人民大学出版社, 2003:4

[50]资中筠. 财富的归宿:美国现代公益基金会述评[M]. 上海:上海人民出版社, 2006.

[51]S. 亚历山大·里帕. 自由社会中的教育:美国历程[M]. 8版. 於荣, 译. 合肥:安徽教育出版社, 2010

[52]戴维·E. 阿普特. 现代化的政治[M]. 陈尧, 译. 上海:上海人民出版

社,2011.

[53]世界环境与发展委员会.我们共同的未来[M].王之佳,柯金良,等译.长春:吉林人民出版社,1997.

[54]世界自然保护同盟,联合国环境规划署,世界野生生物基金会.保护地球——可持续生存战略[M].国家环境保护局外事办公室,译.北京:中国环境科学出版社,1992

[55]赫克尔,斯特林.可持续发展教育[M].王民,等译.北京:中国轻工业出版社,2002

[56]怀特海.教育的目的[M].庄莲平,王立中,译.上海:文汇出版社,2012:79

[57]王坤庆.精神与教育——一种教育哲学视角的当代教育反思与建构[M].上海:上海教育出版社,2009

[58]沛西·能.教育原理[M].王承绪,赵端瑛,译.北京:人民教育出版社,2005:91

[59]扈中平.教育目的论[M].武汉:湖北教育出版社,2004:134

[60]世界自然保护同盟,联合国环境规划署,世界野生生物基金会.保护地球——可持续生存战略[M].国家环境保护局外事办公室,译.北京:中国环境科学出版社,1992

[61]李福华.大学治理的理论基础与组织架构[M].北京:教育科学出版社,2008:14—26.

[62]德里克·博克.美国高等教育[M].乔佳义,编译.北京:北京师范学院出版社,1991:1—25

[63]约翰·杜威.民主主义与教育[M].王承绪,译.北京:人民出版社,2001.

[64]林尚立.政治建设与国家成长[M].北京:中国大百科全书出版社,2008:34

[65]马克思,恩格斯.马克思恩格斯选集(第四卷)[M].北京:人民出版社,1972:483

[66]俞可平.民主与陀螺[M].北京:北京大学出版社，2006:81.

[67]罗豪才.软法与公共治理[M].北京:北京大学出版社，2006:21.

[68]翟鸿祥.行业协会发展理论与实践[M].北京:经济科学出版社,2003:3.

[69]斯坦利·海曼.协会管理[M].尉晓欧,徐京生,于晓丹,译.北京:中国经济出版社,1985:125

[70]伯顿·R.克拉克.高等教育系统——学术组织的跨国研究[M].王承绪,

等译. 杭州:杭州大学出版社，1994:156—158

[71]胡卫. 民办教育的发展与规划[M]. 北京:教育科学出版社，2000:161.

[72]张树义. 行政法学[M]. 北京:法律出版社，2000:16—18.

[73]陈桂生. 教育原理[M]. 2版. 上海:华东师范大学出版社,2000:200—201.

B. 论文及期刊析出的文献

[1]2018年全国教育事业发展统计公报[J]. 中国地质教育,2019,28(04):96—100.

[2]董仁忠. 从政策调控高职教育走向依法治理高职教育[J]. 河北师范大学学报(教育科学版),2011,13(05):70—73.

[3]和震. 建立现代职业教育治理体系 推动产教融合制度创新[J]. 中国职业技术教育,2014(21):138—142.

[4]汤广全,赵清良. 职业教育理论贫困的根源探析[J]. 职教论坛,2010(07):13—17.

[5]郭卉. 反思与建构:我国大学治理研究评析[J]. 现代大学教育,2006(03):29—33.

[6]陶凤翔. 国外大学治理形态的变迁与其借鉴意义——以迪特玛·布劳恩的三角模型为视角[J]. 大学教育科学,2011(04):47—51.

[7]刘爱生. 美国大学治理结构的主要特征及其文化基础[J]. 外国教育研究,2014,41(08):62—70.

[8]王绽蕊. 系统性:美国高校董事会制度的基本特征[J]. 比较教育研究,2010,32(08):25—29.

[9]盛冰. 高等教育的治理:重构政府、高校、社会之间的关系[J]. 高等教育研究,2003(02):47—51.

[10]阎光才. 从市场的角度析发达国家高校与政府间的关系[J]. 机械工业高教研究,1998(04):3—5.

[11]唐卫民. 试析大学自治与政府控制[J]. 沈阳师范学院学报(社会科学版),1999(01):3—5.

[12]史万兵,娄成武.政府对大学间接干预的国际比较研究[J].中国行政管理,2003(11):61—63.

[13]夏人青.欧美国家高校与政府关系的比较研究[J].北华大学学报(社会科学版),2003(04):57—61.

[14]蒋洪池.欧美大学与政府权能关系的演变及其对中国的启示[J].清华大学教育研究,2004(04):26—33.

[15]浙江大学高教研究所课题组,方展画,陈列,顾建民,郭耀邦,王爱国,郭耀邦.市场经济国家政府与大学关系的比较研究[J].河北师范大学学报(教育科学版),2000(04):1—11.

[16]李守福.日本国立大学将不再姓"国"——日本国立大学独立行政法人化述评[J].比较教育研究,2000(05):11—14.

[17]李成明.大学与政府的关系:英国模式之研究[J].南京社会科学,2003(04):75—82.

[18]沈佳乐.中央集权与大学自治——论法国大学与政府的关系[J].高教探索,2004(03):36—38.

[19]石正义.在自治与控制之间寻求平衡——英法两国大学与政府关系的比较与启示[J].湖北大学学报(哲学社会科学版),2006(03):378—380.

[20]刘在洲.理顺政府与高校之间的关系是高等教育管理体制改革的重中之重[J].黑龙江高教研究,1999(03):3—5.

[21]陈兴明.新一轮高校管理体制改革的实质、特点与方向[J].江苏高教,2002(02):38—40.

[22]龙献忠,朱咏北.政府公共权力重构与高等教育治理[J].高等教育研究,2005(11):38—42.

[23]许杰.论政府对大学进行宏观调控的新向度——以治理理论为视角[J].清华大学教育研究,2003(06):47—54.

[24]龚怡祖.大学治理结构:现代大学制度的基石[J].教育研究,2009,30(06):22—26.

[25]劳凯声.高教体制改革中如何理顺政府与高校的法律关系[J].中国高等教育,2001(20):16—19.

[26]胡建华.大学的法律地位分析——研究大学与政府关系的一种视角[J].南京师大学报(社会科学版),2002(05):61—67.

[27]祁占勇.解构与重构:我国公立高校与政府的行政法律关系[J].高等教育研究,2005(10):33—37.

[28]宫照川.基于治理理论重构政府和高校的关系[J].四川职业技术学院学报,2005(04):10—12.

[29]朱锡平,刘笑方.论大学与政府之间的经济关系[J].高教发展与评估,2006(02):21—27.

[30]王卓君,李朝阳.中国大学与政府间经济关系探究[J].江海学刊,2004(02):200—205+223.

[31]蓝洁.浅析高校与政府、市场的关系[J].长春工业大学学报(高教研究版),2005(03):19—22.

[32]樊明成.论知识经济时代大学与政府的关系[J].江西教育科研,2006(03):20—22.

[33]杨纳名.大学治理的必要与可能:治理理论的大学实践[J].河南师范大学学报(哲学社会科学版),2009,36(06):239—241.

[34]吴仁华.建立促进应用技术类高校发展的管办评分离机制的思考[J].教育评论,2014(08):3—7.

[35]魏小琳.对我国现代大学制度建设的思考——大学与政府、社会关系的视界[J].绍兴文理学院学报(哲学社会科学),2006(06):103—107+113.

[36]褚宏启,贾继娥.教育治理中的多元主体及其作用互补[J].教育发展研究,2014,34(19):1—7.

[37]朱家德.我国大学治理有效性的历史考察[J].中国高教研究,2014(07):25—31.

[38]唐安国,阎光才.关于高校与政府间中介机构的理论思考[J].上海高教研究,1998(06):3—5.

[39]王建华.我国大学与政府间中介性组织的现状原因与对策[J].青岛科技大学学报(社会科学版),2002(03):1—6.

[40]胡建华.由“国家控制的模式”向“国家监督的模式”转变——大学与政府关系发展的基本走向[J].复旦教育论坛,2003(06):3—5+17.

[41]楚红丽.公立高校与政府、个人委托代理关系及其问题分析[J].高等教育研究,2004(01):43—46.

[42]罗大贵,杨红.新公共管理理论视角下大学与政府之间的关系调整[J].学校党建与思想教育,2009(32):21—23.

[43]周川.高校与政府关系的几点思考[J].高等教育研究,1995(01):73—77.

[44]赵婷婷.自治、控制与合作——政府与大学关系的演进历程[J].现代大学教育,2001(04):54—61.

[45]赵敏,刘献君.我国大学校长与政府关系的历史考察[J].中山大学学报论丛,2003(02):243—244.

[46]韩映雄.政府与大学关系的历史考察及启示[J].现代大学教育,2004(03):32—35.

[47]蒋洪池,林国治.历史与启示:中国近现代大学与政府权能关系之嬗变[J].煤炭高等教育,2005(01):25—29.

[48]刘少雪.我国近现代大学与政府关系的特点[J].高等教育研究,2006(03):84—91.

[49]李文兵.我国大学与政府关系的历史文化因素分析[J].江苏高教,2008(05):26—28.

[50]刘凡丰.耶鲁大学治理结构的剖析[J].高教探索,2005(01):27—29.

[51]甘永涛.大学治理结构的三种国际模式[J].高等工程教育研究,2007(02):72—76.

[52]吴杰,张自伟.大学治理结构的国际比较与借鉴[J].山西财经大学学报(高等教育版),2007(02):19—22.

[53]代林利.牛津大学治理结构的形成与演变[J].现代大学教育,2007(04):35—40.

[54]龚怡祖.大学治理结构:现代大学制度的基石[J].教育研究,2009,30(06):22—26.

[55]张建初.现代大学制度下的大学治理结构[J].教育评论,2009(05):20—22.

[56]李建奇.我国大学治理结构变迁的路径选择[J].高等教育研究,2009,30(05):39—44.

[57]李福华.大学治理与大学管理:概念辨析与边界确定[J].北京师范大学学报(社会科学版),2008(04):19—25.

[58]龚怡祖.漫说大学治理结构[J].复旦教育论坛,2009,7(03):47—53.

[59]李建奇.我国大学治理结构变迁的路径选择[J].高等教育研究,2009,30(05):39—44.

[60]秦惠民.我国大学内部治理中的权力制衡与协调——对我国大学权力现象的解析[J].中国高教研究,2009(08):26—29.

[61]方芳. 大学治理结构变迁中的权力配置、运行与监督[J]. 高校教育管理, 2011, 5(06):16—20.

[62]董泽芳, 岳奎. 完善大学治理结构的思考与建议[J]. 高等教育研究, 2012, 33(01):44—50.

[63]周光礼. 公立研究型大学法人治理结构改革探索——基于华中科技大学的案例研究[J]. 中国机构改革与管理, 2013(Z1):43—48.

[64]李立国. 大学治理的转型与现代化[J]. 大学教育科学, 2016(01):24—40+124.

[65]王春福. 公共产品多元治理模式的制度创新[J]. 管理世界, 2007(03):160—161.

[66]梁志, 赵祥刚. 高等职业教育的概念解析及其内涵的厘定[J]. 山东师范大学学报(人文社会科学版), 2008(01):88—91.

[67]许海东. 国际合作:职业教育推动之轴[J]. 教育与职业, 2008(28):30—32.

[68]周凤华. 德澳美三国行业组织与职业教育[J]. 中国职业技术教育, 2009(25):63—66.

[69]甘永涛. 大学治理结构的三种国际模式[J]. 高等工程教育研究, 2007(02):72—76.

[70]李玉静, 谷峪. 国际职业教育治理的理念与实践策略[J]. 职业技术教育, 2014, 35(31):78—83.

[71]关晶. 西方学徒制的历史演变及思考[J]. 华东师范大学学报(教育科学版), 2010, 28(01):81—90.

[72]雍冀慧. 欧盟职业教育培训政策历史演进研究述评[J]. 中国职业技术教育, 2009(30):39—43.

[73]Johanna Lasonen, Jean Gordon, 李玉静, 陈衍. 增强职业教育吸引力 欧洲的政策、理念与实践[J]. 职业技术教育, 2009, 30(12):24—37.

[74]杨洁. 德国高等职业教育发达原因分析[J]. 职业技术教育, 2009, 30(13):90—93.

[75]蔡跃, 王继平. 从《联邦职业教育法》看德国行会在职业教育中的作用[J]. 教育理论与实践, 2011, 31(06):25—27.

[76]陈小琼, 谭绮球. 试析澳大利亚政府高等职业教育政策的价值取向[J]. 高教探索, 2010(01):73—75.

[77]梁志, 赵祥刚. 高等职业教育的概念解析及其内涵的厘定[J]. 山东师范大

学学报(人文社会科学版),2008(01):88—91.

[78]郑余.高等职业技术教育概念术语辨析[J].浙江师范大学学报,2006(02):7—11.

[79]大卫・威廉姆斯,汤姆・杰克逊.治理,世界银行与自由主义理论[J].政治学研究,1994:42.

[80]俞可平.全球治理引论[J].马克思主义与现实,2002(01):20—32.

[81]何水.协同治理及其在中国的实现——基于社会资本理论的分析[J].西南大学学报(社会科学版),2008(03):102—106.

[82]郑巧,肖文涛.协同治理:服务型政府的治道逻辑[J].中国行政管理,2008(07):48—53.

[83]蔡延东.从政府危机管理到危机协同治理的路径选择[J].当代社科视野,2011(11):31—35.

[84]刘伟忠.我国协同治理理论研究的现状与趋向[J].城市问题,2012(05):81—85.

[85]张康之.论参与治理、社会自治与合作治理[J].行政论坛,2008(06):1—6.

[86]张康之.合作治理是社会治理变革的归宿[J].社会科学研究,2012(03):35—42.

[87]侯琦,魏子扬.合作治理——中国社会管理的发展方向[J].中共中央党校学报,2012,16(01):27—30.

[88]颜佳华,吕炜.协商治理、协作治理、协同治理与合作治理概念及其关系辨析[J].湘潭大学学报(哲学社会科学版),2015,39(02):14—18.

[89]姜士伟."协作治理"的三维辨析:名、因、义[J].广东行政学院学报,2013,25(06):11—15.

[90]田培杰.协同治理概念考辨[J].上海大学学报(社会科学版),2014,31(01):124—140.

[91]张贤明,田玉麒.论协同治理的内涵、价值及发展趋向[J].湖北社会科学,2016(01):30—37.

[92]曹堂哲.政府跨域治理协同分析模型[J].中共浙江省委党校学报,2015,31(02):33—39.

[93]陶国根.论社会管理的社会协同机制模型构建[J].四川行政学院学报,2008(03):21—25.

[94]郁建兴,任泽涛.当代中国社会建设中的协同治理——一个分析框架[J].学术月刊,2012,44(08):23—31.

[95]马雪松.结构、资源、主体:基本公共服务协同治理[J].中国行政管理,2016(07):52—56.

[96]田玉麒.公共服务协同供给:基本内涵、社会效用与影响因素[J].云南社会科学,2015(03):7—13.

[97]张贤明,田玉麒.整合碎片化:公共服务的协同供给之道[J].社会科学战线,2015(09):176—181.

[98]李枭鹰,唐德海.中国大学治理的“三元文化”冲突论纲[J].高校教育管理,2018,12(01):84—91.

[99]王晓辉.关于教育决策的思考[J].北京大学教育评论,2003(04):78—83.

[100]白汉刚,苏敏.中国职业教育体系的演化历程[J].中国职业技术教育,2012(18):60—66.

[101]顾建新.我国明清时期教育翻译的发展脉络及特点[J].浙江师范大学学报,2005(03):51—55.

[102]王冬青.重塑“心智”:维多利亚时期英国的教育改革与来华西人眼中的儒家教育[J].外国文学评论,2017(02):44—63.

[103]肖朗.从传教士看西方高等教育的导入[J].高等教育研究,2000(05):87—91.

[104]舒习龙.姚锡光的教育考察与教育思想刍论[J].西华大学学报(哲学社会科学版),2011,30(03):97—101.

[105]谢长法.职业教育的渊源:实业教育的引入与倡导[J].职业技术教育,2010,31(09):75—77.

[106]李静蓉.清末高等教育法研究[J].理工高教研究,2004(06):7—9.

[107]杨金土.20世纪我国高职发展历程回顾[J].中国职业技术教育,2017(09):5—17.

[108]葛孝亿.中国近代早期职业教育的命运——以清末实业学堂研究为例[J].职教论坛,2010(31):93—96.

[109]李均.民国时期专科教育探略[J].吉林教育科学,1999(03):3—5.

[110]宗树兴,周文佳.民初高等专门学校向专科学校的嬗变[J].河北师范大学学报(教育科学版),2014,16(04):84—88.

[111]杨金土.20世纪我国高职发展历程回顾[J].中国职业技术教育,2017

(09):5—17.

[112]曲铁华,苏刚.民国时期职业教育立法特色及其启示[J].沈阳师范大学学报(社会科学版),2009,33(04):1—5.

[113]人民教育报.专科学校暂行规程[J].人民教育,1950(05):70—71.

[114]王根顺,王成涛.新中国成立后我国高等职业技术教育的改革与发展[J].高等理科教育,2004(01):21—25.

[115]王根顺,王成涛.新中国成立后我国高等职业技术教育的改革与发展[J].高等理科教育,2004(01):21—25.

[116]王根顺,王成涛.新中国成立后我国高等职业技术教育的改革与发展[J].高等理科教育,2004(01):21—25.

[117]黄茂勇.《职业教育法》修订与校企合作法规体系构建策略——基于职业教育校企合作的法理困境分析[J].教育评论,2017(08):56—60.

[118]陈久奎.中国职业教育立法的百年历程及反思[J].现代教育管理,2014(10):63—69.

[119]陈宝华.我国高等职业教育发展历程中的政策法规建设[J].职业教育研究,2005(04):127—128.

[120]杨金土.20世纪我国高职发展历程回顾[J].职教论坛,2017(13):49.

[121]和震.我国职业教育政策三十年回顾[J].教育发展研究,2009,29(03):32—37.

[122]李福华.利益相关者理论与大学管理体制创新[J].教育研究,2007(07):36—39.

[123]刘晓.利益相关者参与下的高等职业教育办学模式改革研究[M].浙江大学出版社,2015:57

[124]胡赤弟.高等教育中的利益相关者分析[J].教育研究,2005(03):38—46.

[125]潘海生.作为利益相关者组织的大学治理理论分析[J].中国地质大学学报(社会科学版),2007(05):17—20.

[126]刘恩允.利益相关者视角下大学管理制度的价值转换及其实现[J].教育发展研究,2012,32(11):42—46.

[127]王淑萍.利益相关者理论视角下的高职院校治理主体研究[J].北京政法职业学院学报,2011(04):107—109.

[128]吕丹.文化转型期大学治理结构的问题与调适[J].现代教育管理,2014(04):59—64.

[129]潘海生.作为利益相关者组织的大学治理理论分析[J].中国地质大学学报(社会科学版),2007(05):17—20.

[130]方强.论高职院校行政权力的优化配置:扩张与严控[J].黑龙江高教研究,2014(07):30—33.

[131]胡鞍钢.中国国家治理现代化的特征与方向[J].国家行政学院学报,2014(03):4—10.

[132]吴汉东.国家治理现代化的三个维度:共治、善治与法治[J].法制与社会发展,2014,20(05):14—16.

[133]许耀相.中国特色的国家治理之路[J].理论探索,2014（1）

[134]张澜,温松岩."高等教育"和"大学"概念的界定与分析[J].辽宁高等教育研究,1995(04):67—70.

[135]赵成,陈通.现代大学治理结构解析[J].天津大学学报(社会科学版),2005(06):470—474.

[136]何晓芳,岳鹏飞.我国大学治理研究现状与问题[J].现代教育科学,2012(09):101—104.

[137]2006年11月16日,教育部颁布《教育部关于全面提高高等职业教育教学质量的若干意见》（教高〔2006〕16号）

[138]刘晖.地方大学治理:特征、理念与模式[J].教育研究,2008(07):54—58.

[139]杰瑞·斯托克,楼苏萍,郁建兴.地方治理研究:范式、理论与启示[J].浙江大学学报(人文社会科学版),2007(02):5—15.

[140]张海峰,王丽娟,王义谋.论高职院校的制度创生[J].职教通讯,2005(10):9—11+33.

[141]刘维俭,董仁忠.公立高职院校法人治理结构若干缺失[J].职教论坛,2010(31):41—44.

[142]雷世平.我国高职院校治理结构存在的问题及其优化研究[J].职教通讯,2013(10):33—37+59.

[143]董仁忠.从政策调控高职教育走向依法治理高职教育[J].河北师范大学学报(教育科学版),2011,13(05):70—73.

[144]刘虹.大学治理结构的政治学分析[J].复旦教育论坛,2013,11(06):17—22.

[145]李玉静,谷峪.国际职业教育治理的理念与实践策略[J].职业技术教育,2014,35(31):78—83.

[146]翁绮睿.国际视野下的教育变革——《反思教育:向“全球共同利益”的理念转变?》中文版出版研讨会综述[J].教育研究,2017,38(11):158—159.

[147]杨喜军.国际职业教育体系的类型分析及对我国的启示[J].现代教育管理,2014(04):95—99.

[148]刘向东,陈英霞.大学治理结构剖析[J].中国软科学,2007(07):97—104.

[149]姜大源,刘立新.(德国)联邦职业教育法(BBiG)[J].中国职业技术教育,2005(35):56—62.

[150]孙玫璐,石伟平.职业教育制度分析[J].高等教育研究,2009,30(09):83.

[151]蔡跃,王继平.从《联邦职业教育法》看德国行会在职业教育中的作用[J].教育理论与实践,2011,31(06):25—27.

[152]景琴玲,王革.德国职业教育体系透析与展望[J].国家教育行政学院学报,2012(02):91—95.

[153]姜大源.德国联邦职业教育法译者序[J].中国职业技术教育,2012(10)

[154]沈剑光,严新乔.健全校企合作法律保障 促进职业教育健康发展——《宁波市职业教育校企合作促进条例》浅析[J].中国职业技术教育,2009(13):19—23.

[155]席冬梅.校企合作:职教立法之路[J].中国职业技术教育,2012（10）:36

[156]别敦荣.美国大学治理理念、结构和功能[J].高等教育研究,2019,40(06):93—101.

[157]张楚廷.目前中国高等教育的封闭性[J].湖南师范大学社会科学学报,1992(06):1—6.

[158]李江源.简论我国高等教育制度的特征及缺陷[J].高教探索,2001(01):11—15.

[159]刘少雪.我国近现代大学与政府关系的特点[J].高等教育研究,2006(03):84—91.

[160]胡建华.大学的法律地位分析——研究大学与政府关系的一种视角[J].南京师大学报(社会科学版),2002(05):61—67.

[161]吴景松.西方公共教育治理范式变革及其启示[J].中国教育学刊,2010(11):10—13.

[162]李晓强.超国家层面的欧盟教育政策:影响及其限度[J].外国教育研究,2007(08):27—30.

[163]肖凤翔,于晨,肖艳婷.欧盟教育治理向度及启示——基于职业教育政策分析[J].教育科学,2015,31(06):70—76.

[164]蒋丹,唐华.中国地方大学面临的挑战:来自治理结构的变革[J].山东高等教育,2019,7(03):9—14+2.

[165]徐元俊.高职院校外部治理:结构·主体·机制[J].大视野,2019(02):10—15.

[166]庄西真.中国特色的职业教育治理体系现代化:起点与内涵[J].江苏教育,2016(08):17—22.

[167]李俊.论职业教育中的利益与权利均衡——浅析职业教育现代化的社会维度[J].清华大学教育研究,2013,34(02):96—101.

[168]扈中平.教育目的应定位于培养"人"[J].北京大学教育评论,2004(03):24—29.

[169]陈鹏,刘献君.我国公立高等学校法人治理结构的缺陷与完善[J].教育研究,2006(12):45—50.

[170]李进.论现代职业教育体系的治理现代化[J].中国高教研究,2014(11):19—24.

[171]顾明远,马忠虎.教育现代化:中国教育改革和发展的路径与愿景——顾明远教授专访[J].苏州大学学报(教育科学版),2014,2(01):1—5+126.

[172]马陆亭.制定高等学校章程的意义、内容和原则[J].高校教育管理,2011,5(05):1—6+11.

[173]盛正发.大学治理结构研究的综述和反思[J].集美大学学报(教育科学版),2010,11(02):68—71.

[174]陈鹏,刘献君.我国公立高等学校法人治理结构的缺陷与完善[J].教育研究,2006(12):45—50.

[175]唐世纲.我国大学治理体系现代化的价值审视[J].现代教育管理,2019(06):18—22.

[176]谷峪,李玉静.现代职业教育治理:框架构建和内容解析[J].职业技术教育,2015,36(16):8—13.

[177]李玉静,谷峪.国际职业教育治理的理念与实践策略[J].职业技术教育,2014,35(31):78—83.

[178]李玉静,谷峪.国际职业教育治理的理念与实践策略[J].职业技术教育,2014,35(31):78—83.

[179]赵军,马庆发."职业教育共同体"理论探究[J].教育与职业,2013(02):8—10.

[180]袁贵仁.加快推进教育治理体系和治理能力现代化[J].人民论坛,2014(13):10—13.

[181]丁晓昌.推进省域高等教育现代化建设的思考[J].中国高教研究,2013(12):6—10.

[182]贾旻.行业协会参与现代职业教育治理的合理性探析[J].中国高教研究,2016(02):106—110.

[183]鲍勃·杰索普,漆蕪.治理的兴起及其失败的风险:以经济发展为例的论述[J].国际社会科学杂志(中文版),1999(01):3—5.

[184]王学海.学术权力概念及学术权力主体辨析[J].黑龙江高教研究,2004(03):14—17.

[185]别敦荣,唐世纲.我国大学行政化的困境与出路[J].清华大学教育研究,2011,32(01):9—12+24.

[186]刘韬.教育治理现代化视阈下职业教育治理共同体构建[J].职教论坛,2016(13):70—76.

[187]赵欣,张胤.守望与摒弃:依附理论视阈下高校学术与行政权力制衡关系的理性诠释[J].黑龙江高教研究,2011(07):28—30.

[188]孙柏瑛.当代发达国家地方治理的兴起[J].中国行政管理,2003(04):47—53.

[189]李超,安建增.论我国地方政府治理的模式选择及其对策[J].陕西理工学院学报(社会科学版),2005(01):24—28.

[190]蒋达勇,王金红.现代国家建构中的大学治理——中国大学治理历史演进与实践逻辑的整体性考察[J].高等教育研究,2014,35(01):23—31.

[191]杨光斌.中国比较政治学的研究议程问题[J].南京政治学院学报,2012,28(06):46—51.

[192]刘虹.大学治理结构的政治学分析[J].复旦教育论坛,2013,11(06):17—22.

[193]李恒,胡小梅,王小绪.公共治理视角下高等教育政府管理职能转移与承接路径研究[J].江苏师范大学学报(哲学社会科学版),2015,41(06):128—132.

[194]郎佩娟.公共管理模式研究[J].政法论坛,2002(01):143—152.

[195]贾旻. 行业协会参与现代职业教育治理的合理性探析[J]. 中国高教研究, 2016(02):106—110.

[196]刘薇. PPP模式理论阐释及其现实例证[J]. 改革, 2015(01):78—89.

[197]姚旭, 车流畅. 论行业协会组织的法律性质——从制度动力学视角[J]. 法学杂志, 2011, 32(05):34—37.

[198]余晖. 行业协会组织的制度动力学原理[J]. 经济管理, 2001(04):22—29.

[199]盛冰. 教育中介组织:现状、问题及发展前景[J]. 高教探索, 2002(03):81—84.

[200]王洛忠, 安然. 社会中介组织:作用、问题与对策[J]. 求实, 2000(11):28—30.

[201]葛新斌. 教育中介组织的合理建构与职能运作探析[J]. 清华大学教育研究, 2011, 32(06):99—103.

[202]李兴洲. 反思“建立现代学校制度”[J]. 教育学报, 2007(04):51—56.

[203]孙绵涛. 关于学校效能评价标准和方法的两点认识[J]. 教育发展研究, 2007(20):19—22.

[204]潘建华, 周石其. 有关区域高等教育发展之若干思考[J]. 宁波大学学报(教育科学版), 2004(05):37—38.

[205]周晶, 万兴亚. 从管理走向治理:区域高等职业教育发展范式转型的路径研究[J]. 职教论坛, 2014(19):44—49.

[206]李雪岩, 龙耀. 教育行政权力三边界论——中国教育行政化问题研究系列之一[J]. 现代教育管理, 2012(11):12-17.

[207]林荣日. 论高校内部权力[J]. 现代大学教育, 2005(02):69-74.

[208]王学海. 学术权力概念及学术权力主体辨析[J]. 黑龙江高教研究, 2004(03):14-17.

[209]方强. 论高职院校行政权力的优化配置:扩张与严控[J]. 黑龙江高教研究, 2014(07):30-33.

[210]毛成, 蔡玲丽, 赵春鱼. 服务行政:高校“去行政化”改革新方向[J]. 教育发展研究, 2010, 30(09):34-37.

C. 学位论文

[1]李敏. 教育国际交流:挑战与应答[D]. 华东师范大学, 2008.

[2]龙献忠. 从统治到治理[D]. 华中科技大学, 2005.

[3]申素平. 中国公立高等学校法律地位研究[D]. 北京师范大学博士学位论文, 2001.

[4]董云川. 论中国大学与政府和社会的关系[D]. 华中科技大学博士学位论文, 2002

[5]田玉麒. 协同治理的运作逻辑与实践路径研究[D]. 吉林大学, 2017.

[6]郑静姝. 英国职业资格证书制度再研究[D]. 华东师范大学, 2012.

[7]吴景松. 政府职能转变视野中的公共教育治理范式研究[D]. 华东师范大学, 2008.

[8]关晶. 西方学徒制研究[D]. 华东师范大学, 2010.

[9]申素平. 中国公立高等学校法律地位研究[D]. 北京师范大学, 2001.

[10]田培杰. 协同治理:理论研究框架与分析模型[D]. 上海交通大学, 2013.

[11]田道勇. 可持续发展教育理论研究[D]. 山东师范大学, 2009.

[12]何鹏程. 教育公共服务体系构建研究[D]. 华东师范大学, 2012.

[13]马斌. 政府间关系：权力配置与地方治理[D]. 浙江大学, 2008.

[14]陈宏辉. 企业的利益相关者理论与实证研究[D]. 浙江大学, 2003.

D. 报纸析出的文献及其他

[1]苏步青. 应该相信校长能管好大学[N]. 人民日报, 1979-12-26

[2]汪永铨. 关于政府对高等教育的管理[N]. 中国教育报, 1988-9-3

[3]顾明远. 对教育本质的新认识[N]. 光明日报, 2016-01-05(014).

[4]徐晓全. 从“管理”到“治理”:治国方略重大转型[N]. 学习时报, 2013-11-18(003).

[5]王浦劬. 科学把握“国家治理”的含义[N]. 光明日报, 2013-12-29(007).

[6]姜大源.职业教育法修改应有“跨界”思维[N].光明日报,2015-06-22(006).

[7]解艳华.校企合作立法的宁波探索[N].人民政协报,2012-2-1（C02）

E.研究报告

[1]第三届国际职业技术教育大会主要工作文件.职业技术教育与培训的转型:培养工作与生活技能[R].联合国教育、科学及文化组织,2012.

[2]联合国教科文组织.反思教育:向“全球共同利益”的理念转变?[R].联合国科文组织.2015

攻读博士学位期间发表的论文目录

在学期间主要论文成果有：

[1]《中国教育治理的政治学阐释》《人民论坛(学术前沿)》,2018年05上,第一作者。

[2]《企业家精神视角下供应链整合影响企业绩效的路径与优化策略》《南通大学学报(社会科学版)》,2018年第1期,第一作者。

[3]《参与式治理：地方政府公共决策的机制创新》《广东行政学院学报》,2018年第4期,单独作者。

[4]《工业4.0时代与企业运作管理》《特区实践与理论》,2016年第2期,单独作者。

[5]《高职院校服务学习课程体系建设》《职业技术教育》,2014年10月,第29期,单独作者。

后 记

八年时间很快就过去了，博士学习告一段落。回首学习的过程，无数个夜晚的明月星光都浮现出来。独自写作异常辛苦，但是也是快乐的，持续学习和思考带来的不仅仅有身心与意志的磨砺，更有不断觉察与顿悟的窃喜。人的一生，也许可以看作是不断进行着物质与精神对话、身体与环境交互的过程，而学习可以帮助人类向内拓宽思想认知的弹性、向外感知物我世界的极远。

感谢吉林大学行政学院这样一个优秀的教师团队，感谢周光辉、张贤明、杨文彦、赵晨等老师，教育和鞭策着我不断精进学业；感谢工作单位领导钟以俊书记、刘华强校长、王宇东副校长，对于我学习的支持和鼓励；感谢王艳丽、曾本伟、丁建彪、陈亮、陈霞、闫晨、张博、何禹潼、王平等师门同学的支持和帮助，以及博士学友黄茂勇、郭晓川、黄学军等的大力协助。

特别要感谢我的导师王彩波教授，先生学术底蕴丰厚，治学态度严谨，严格要求学生，既是学业要求严格的导师，又是关爱学生全面发展的家长。先生对于世界政治学科发展和学术前沿动态了然于胸，尤其是身体力行地开展社会调研和积极乐观的生活态度，都是引领学生学习和生活的榜样。先生对学生的学习研究过程，既有论文完成中的不断鼓励和支持，又有对论文研究内容的持续指导推进，使学生的论文完成水到渠成。有这样的导师，既是我一生的荣幸，也是一辈子的骄傲。

当然，家人始终是我学习的最大动力。我的父亲蒋聚学和母亲黄承玉从始至终支持我的学习，无论是直接帮我照顾孩子，还是时时关注论文的进度，都对我的博士学习给予厚望。父亲自己仅仅受过两年的私塾教育，难以支撑他后天知识需求的增长；母亲考上女子高中却因身为长女不得不放弃读书，早早参加工作辅助家长哺育弟妹。我的父母对于他们三个孩子最大的愿望，就是希望孩子因为学业优秀成人成才。我是家中的老幺，小儿不孝，天性顽劣，醒世较晚，竟然是等到父母年逾八旬后方才完成自己的学业。但是我想，无论如何，完成博士学位不仅仅是完成自己学习的心愿，也是给望子成才的父母大人，在有生之年最好的汇报。我的太太艾英俊，多年独自承担家庭事务管理，为我的学业持续给予极大理解和支持，是我能够完成学业的基本保障。我的一对儿女厚城、厚爱，是与我同步成长的最好鉴证。我从儿女上高一住校后开始读博，已近八周年，今年儿女同时读硕，明年即将毕业。这段漫长的学习之路一直都有家人陪伴，真好。

攻读博士学位对我来说是人生最有意义的事情。在这段读博的岁月里，我的思想和身体、生活以及工作等各个方面都发生了巨大改变。持续地读书，不断弥补了认知的差距，同时也越来越知道自己知识的贫乏；持续地写作，历练了思维的严谨，同时也越来越体会到文字的精炼；持续地思考，开拓了想象的乐趣，同时也锻炼了脑力在辩证与分析中的审视能力。人生的奇妙就在于尽然能够改变，尽然能够达成。感谢！

吉林大学南校

2018年12月3日